英語で読む
ローマの休日

Roman Holiday

イアン・マクレラン・ハンター＝著

田畑則重＝英語解説

装幀・イラスト ＝ 斉藤　啓
ノベライズ ＝ Nina Wegner
日本語訳 ＝ 澤田　組
カバー写真 ＝ ©MPTV/amanaimages
本文写真 ＝ ©Paramount/MPTV/amanaimages (p.29)
　　　　　　©amanaimages (p.43, p.59, p.77, p.89, p.101, p.119, p.131)
　　　　　　photolibrary、wikipedia、wikimedia commons (p.12–p.24)

目　次

まえがき 4
映画『ローマの休日』について 6
アン王女が訪れたローマ
映画『ローマの休日』の舞台 14

Part I　Chapter 1 – Chapter 2 27
　　覚えておきたい英語表現 1 52

Part II　Chapter 3 – Chapter 4 57
　　覚えておきたい英語表現 2 84
　　コラム オードリー・ヘプバーンとアンネ・フランク 86

Part III　Chapter 5 – Chapter 6 87
　　覚えておきたい英語表現 3 114
　　コラム イタリアを舞台にした映画 116

Part IV　Chapter 7 – Chapter 8 117
　　覚えておきたい英語表現 4 150

まえがき

　日本語には敬語があるが英語にはない、と習った方はいないでしょうか。私もそうでした。ところが、英語が少し上達し、アメリカ人の同僚と仕事をするようになると、おや？本当にそうなのだろうかと思う表現を耳にすることが増えてきました。

　ある日、年上の同僚にDo you mind my asking～？（お尋ねしてもよろしいですか）と聞かれたので、「年下からも同じ表現で聞かれることがあるが……」、と日ごろの疑問をぶつけたところ、年上の彼に「二つの英語がある」と言うのです。英語が上達しないことに悩んでいた私が「では、どちらの英語を学ぶのが良いのか」とたたみかけると、彼は「丁寧な英語をまず身につけるべき」とアドバイスしてくれました。厚い幕が1枚上がって、英語の世界が少しだけ開けたような気がしました。

　英語の教科書でIt's very nice to meet you.と習っても、会話ではほとんどの場合、Nice to meet you.で事が足りてしまいますね。でも、ビジネスで初対面の相手に対しては、まず前者のようにあいさつすべきでしょう。

　レストランで会食する場面でも、メニューを指さしながら料理名だけを伝えるのか、せいぜいCan I have～？と頼むのか、それともCould I have～？とていねいに注文するかで、相手のあなたを見る目も変わって来ることでしょう。

　もちろん、たがいに親しく打ち解けて、Call me Bob.と言われてからもフォーマルなよそよそしい英語表現にこだわってい

は、逆効果になりかねません。会話をスムーズに運ぶために、friendliness（親しさ）を示すことも必要なのです。

　本書をこのように見てみると、王女アンと新聞記者ジョーの会話に変化が見て取れます。薬による眠りからさめたアンが、"You may call me ... Anya. Could you please tell me what time it is?"と、どちらかと言えば上から目線に加えて王女の品位を保ちながら話していたのが、ローマの休日を終えようとする頃には、"Do you like that?"とふつうの恋人同士のように打ち解けた会話をするようになります。

　各章で取り上げた表現は、それぞれの場面や状況によって使われているのは当然ですが、あなたが応用して使う場合に大事なのはappropriateness（適切さ）を考えることです。本書の冒頭に出てくるアンの外遊目的の表現を使おうと、相手と友人になりたい気持ちをI want to build strong friendship with you.などと話しかける人はまさかいないでしょうけれど……。

　英語上達への最短の道は、a native speaker of English（英語を母語として話す人）を恋人にすることと言いますね。せめてアンとジョーの会話の変化を楽しみながら、ビジネス相手であっても次は、このくだけた表現を入れてみようなどと想像してみるだけでも楽しいのではないでしょうか。

2012年 避暑の候
田畑　則重
（文教大学情報学部准教授）

映画『ローマの休日』について

　さきごろ観た映画『ブラック・スワン』は、抑圧を抱えた少女が葛藤を乗り越えて大人に成長する、というよくある筋立てをベースに、ファンタジーやサスペンスやホラーの要素、母娘の葛藤や思春期の少女が持つ無防備なエロス、といった様々な要素をこれでもかと詰め込み、最新のデジタル技術を効果的に使った快作であった。劇中、ナタリー・ポートマン扮するバレリーナの少女が大役に抜擢され、その痺れるような緊張の中、しだいに妄想の中で迷い、遊び、壊れつつもついには大人の女性にメタモルフォーゼする、というストーリーだ。

　女優ポートマンの清潔でいたいけな美しさと、触れたら壊れそうな脆さ、見知らぬ世界へ逃げ込んだ少女が大人へと変貌する話。

　不意に結びついたのがオードリー・ヘプバーンという女優であり、『ローマの休日』という古典的物語だった。

　その『ローマの休日』である。公開後約60年を経たこの「誰もが認める名画」は、筋立てや俳優陣への関心が一人歩きしてしまって、2012年現在意外と観ていない人も多いのではないか。

　原題は*ROMAN HOLIDAY*と言う。直訳すると「ローマ人の休日」となってしまう。これは「*THE HOLIDAY IN ROME*」がふさわしいのではないか？

　この疑問は、多くの方々が著書やネット上で指摘しているように、*ROMAN HOLIDAY*とは一個の完成された熟語であり、この映画に関するかぎり、明らかなダブル・ミーニングであることを知れば腑に落ちる。

ある英和辞書を紐解くと

　　Roman Holiday ＝ 野蛮を特徴とする見せ物[論争]；他人を苦しめて
　　得る利益・楽しみ。古代ローマの娯楽であった奴隷の切り合いに由来。

とある。
　「やんごとなき方のスキャンダルをどうぞお楽しみ下さい！」と言った製作者たちのユーモアと悪戯っぽいアイロニーゆえのこのタイトルなのであろう。
　それにシンクロするように映画は所謂ラブ・コメディである。ハリウッドらしく優美なタッチでゆったり進行する華やかな恋物語。もしかしたら人々が『ローマの休日』に抱いている大雑把な印象はこのあたりなのかもしれない。が、侮るなかれ。この物語を一皮剥くと、優雅で素敵なラブ・アフェアを描いただけの作品ではないことにも気づくはずだ。
　本作を貫くテーマは「少女から女性へ」、あえて細かく言えば「少女が女性へと変貌を遂げる一夜」の物語である（正確には二夜、ではあるが）。それは明らかにすべての少女達が通過儀礼として経験する「喪失」の暗喩である。
　映画ではヘプバーン扮するアン王女がグレゴリー・ペック扮する新聞記者ジョーの部屋でなされる会話の端々にそれが見て取れる。特にペックの少し斜に構えた「小粋」なセリフには、セクシャルな解釈とも取れるよう意図的に曖昧にされた表現が多い。
　もう一つのテーマは、「人は何かを諦めなければ大人になれない」という非常に苦い真実である。
　「素敵な恋をしてハッピー！」「格差カップルでドキドキ！」
などという王女の甘ったるい"想い出づくり"的な主観視点ではこの物語は決して終わらない。自分が何かを持っているがゆえ、人に待たれ

て、その責任を全うしなければならないことの厳しさ、苦しさ。自分にはその力が足りないかもしれない、でも私はここでそれをやるしかないんだ、という決意と勇気。そのためには大事なものを諦めたり失ったりすることも私は辞さない、という強さとしたたかさ。

この二つの「喪失」に惑わされたり涙を流すことは止めて、それを「成長」と言い切って前に進んでしまおう。このように物語は文字通り「大人な着地」をしてのける。そしてこの物語のラストシーンで画面に映るのは、愛しい人を喪失してしまった孤独なジョーの姿である。そう、これはジョーの――男なる生き物の――喪失と成長の物語でもあったのだ。

どんな人間にも共通するこれらのテーマがレイヤーされてこそ、本作を単なる「ハリウッド・メイドの現実離れしたおとぎ話」から「普遍的なクラシック」までの価値に高めたといえる。そしていまだにみずみずしく美しい物語として色あせることなく輝き続け、世界中の人々に愛されている所以と言えよう。もちろん俳優陣の奇跡的なケミストリーはいうまでもない。

1953年のアメリカは第二次世界大戦に勝利したことの高揚感を保ちながらも、さまざまな戦後処理、帰還兵の社会復帰、朝鮮戦争、東西冷戦時代への突入、マッカーシズム、赤狩り等、アメリカが自身の暗い闇に悩まされた不穏な時代でもあった。本作のようないかにもハリウッドらしい明るいラブコメディやミュージカルとともに、ノワール映画と呼ばれる人間の深く暗い闇を残酷に描く新しいジャンルの映画も数多く製作された時期でもあった。

本作にもその傷跡が生々しく残る。ストーリーを実際に書いた脚本家ダルトン・トランボは赤狩りでハリウッドから追放。その友人イアン・マクレラン・ハンターが名義を貸していたため映画や書籍のクレ

ジットはいまだイアン・マクレラン・ハンターのまま残る。製作50周年を記念して2003年に公開された『ローマの休日 デジタル・ニューマスター版』では大幅な映像修復がなされ、同時にCG技術によってダルトン・トランボが50年ぶりにメインタイトルにクレジットされたことが話題になった（トランボは1976年に死去している）。

　本作の結末をハッピーエンドと呼ぶことはためらわれるが、苦い後味を噛み締めつつも、そこには爽やかな風が吹く。世界のリーダーとして、ハリウッドが、アメリカが、どうにかして自身の道を模索し「大人」へと前進しようとしていることが透けて見えるのは深読みのし過ぎであろうか。

　本書はこの物語を平易に英文化したものとその日本語訳で構成されている。ストーリーを追うだけなら一気に読めてしまうこと請け合い。ただし僭越ながら楽しみ方の一例をアドバイスさせていただくと、前述のとおりこの映画の美味しいところは「主人公たちのセリフをどう解釈するか」がポイントでもあるので、そこのところをあなたなりの噛み締め方で、またできれば映画DVDなども参照にしながらゆっくりと味わっていただきたい。あなただけの『ローマの休日』の観賞法をブラッシュアップしてゆく。そんな楽しみ方ができるのも大人ならでは、ですよ。

　　　　　　　　　　　斉藤　　啓

> アートディレクター＆アーティスト
> 自身のブログBlackmarketで数多の映画評論を手掛け、各方面から大反響を呼ぶ
> bmart.ocnk.net/

本書の構成

本書は、

　　□英日対訳による本文
　　□欄外の語注
　　□映画背景解説とコラム
　　□舞台となった場所の解説
　　□MP3形式の英文音声

で構成されています。本書は、1953年の公開以来、長きにわたって世界中で愛され続けた「ローマの休日」をノベライズ化した英語の本文に、日本語訳をつけました。

　各ページの下部には、英語を読み進める上で助けとなるよう単語・熟語の意味が掲載されています。また左右ページは、段落のはじまりが対応していますので、日本語を読んで英語を確認するという読み方もスムーズにできるようになっています。またパートごとに、田畑則重文教大学准教授による英語解説がありますので、本文を楽しんだ後に、英語の使い方などをチェックしていただくのに最適です。

　添付のCD-ROMには、MP3形式の音声が収録されています。お好きな携帯プレーヤーに、お好きな箇所をダウンロードして繰り返し聞いていただくことで、発音のチェックだけでなく、英語で物語を理解する力が自然に身に付きます。

Roman Holiday
ローマの休日

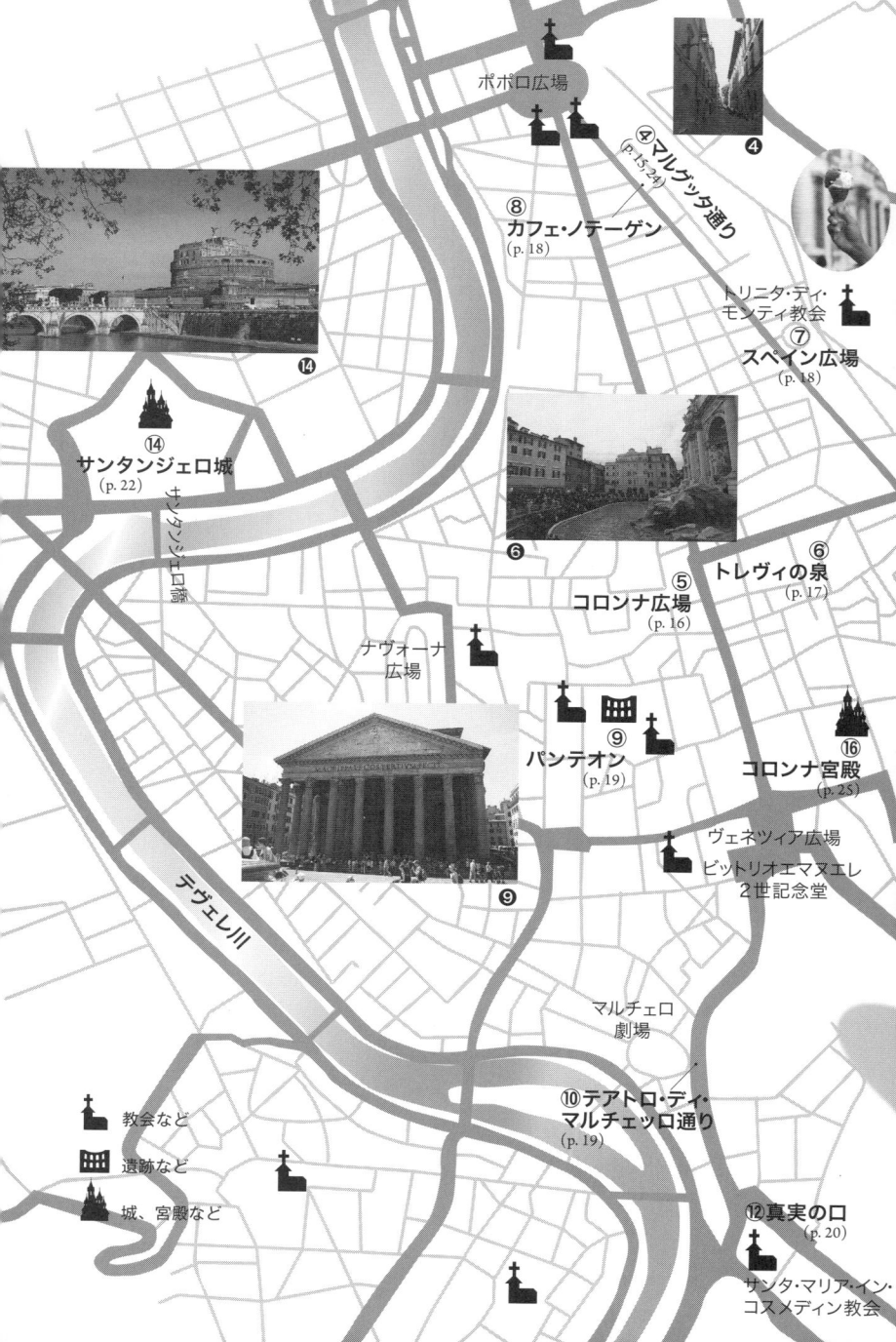

アン王女が訪れたローマ
映画『ローマの休日』の舞台

丸数字は、p.12-p.13の地図中の番号と同じ

① ブランカッチョ宮殿
Palazzo Brancaccio

1880年にブランカッチョ家の住まいとして建設された。ヴィットリオ・エマヌエーレ2世広場から延びるスタトゥート通りを行くと左前方に見えてくる。舞踏会のシーンや、アン王女の寝室の撮影に使われた。宮殿の立つエスクイリーノの丘は、ローマの元となった七つの丘のひとつである。

I'm too tired to sleep—can't sleep a wink.
とても疲れていて眠れないの——ちっとも眠れないわ。

【解説】ロンドン、アムステルダム、パリを巡ってローマに着いたアン王女が終夜の舞踏会に疲れ果て、お付きの伯爵夫人がミルクを持ってきて早く眠るようにすすめる場面でのアン王女の台詞です。

too＋形容詞＋to＋動詞の構文は、たとえば、

> She is too young to do the task.
> 若すぎて彼女にはその仕事は無理だ。

> It's too hot a day to wear a jacket.
> 暑くて上着を着ていられない。

というように、「あまりに〜なので…できない」という表現でよく使われます。

> "I'm too tired to sleep."

と彼(彼女)にささやくように使ってみては？

wink(まばたき)を使った文章もおしゃれですね。

> I didn't get a wink of sleep.
> 一睡もしなかった。
> She gave me a suggestive wink.
> 彼女は意味ありげなウインクをした。

という表現もあります。

② レプッブリカ広場(共和国広場)
Piazza della Repubblica

16世紀までは「エゼドラ広場」と呼ばれていた。広場の中央にある噴水は「ナイアディの噴水」で、大使館を抜け出したアンが目を覚まし、トラックから飛び降りたシーンの撮影に使われた。広場は、ディオクレティアヌス浴場の大きな半円形の柱廊をもとに整備され、今も当時の面影を偲ぶことができる。

③ フォロ・ロマーノ
Foro Romano

トラックから降り疲れ果てたアンは石段で眠っていた。ポーカーに負けたジョーがそこを通りかかる。この2人の出会いの場所の撮影が、古代ローマ時代の遺跡であるフォロ・ロマーノで行われた。アンの後ろにはセプティミウス・セウェルス凱旋門が映る。この門は202年から203年に建設されたとされる。ベンチで眠ってしまったアンに声をかけたジョーだったが、薬を飲んでいたアンは寝ぼけているのか、詩を口ずさむ。

パラティーノの丘から見たフォロ・ロマーノ
中央がセプティミウス・セウェルスの凱旋門

"If I were dead and buried and I heard your voice-beneath the sod, my heart of dust would still rejoice."
(我死して埋められるとも、君が声を聞かば、土の下に眠る塵なるわが心喜びに震えん)

④ マルグッタ通り
Via Margutta

帰るところが分からないアンをタクシーに乗せ、自分のアパートまで戻ったジョー。しかし、アンを送っていくことをタクシーの運転手に断られ、やむなく自分の部屋に連れて行くことにした。このジョーのアパートがある

のがマルグッタ通りだ。17、18世紀からアーティストたちが住むエリアで、今も多くのギャラリーが並ぶ美しい通り。

I'm afraid you'll have to rough it tonight—in these.
申し訳ないが、今夜はこれ（パジャマ）でがまんしてくれないか。

【解説】大使館からの脱出に成功したアンが公園のベンチで寝込んでいるのを見かけたジョーが、やむなくアパートに連れてきたシーンでの台詞です。「バラのつぼみのついた絹のナイトガウンが欲しい」というアンに対して、もちろんそのような物はないと、ジョーが答えます。

rough itは、[不自由な生活を忍ぶ]という意味です。似たような表現にtough itがありますが、こちらは[耐え抜く]という意味です。

> She told herself to be brave and tough it out.
> 勇気を持たなくてはと彼女は自分に言い聞かせ、その状況を耐え抜いた。

rough itという表現は、野外生活や探検中の不自由な生活を忍ぶという意味合いがあります。

> Scouts like to rough it in the woods on weekend hikes.
> ボーイスカウトは週末ハイキングでは、森の中での不自由さを楽しんでいる。

若い女性に向かってrough itというジョーの言葉には、文字通りrough（無骨な、粗っぽい）な響きが感じられますね。

⑤ コロンナ広場
Piazza Colonna

コルソ通りに面し、トリトーネ通りの西端に位置する広場で、中央にはローマ皇帝マルクス・アウレリウス・アントニヌスの円柱が立っている。アンをアパートの部屋に残し、ジョーが向かった新聞社のオフィスが、この広場付近である。

I'm up to my ears in work.
いま仕事で身動きがとれないんだ。

【解説】寝坊してオフィスに駆け込んだジョーは、王女との記者会見から戻ったところだと上司ヘネシーにウソの報告をする。それがバレたジョーが新聞を見やると、そこにはアパートに泊めた彼女の写真が。ヘネシーと王女独占インタビューを賭けたジョーが親友の写真家アーヴィングに撮影の依頼をすると、アーヴィングはモデルの撮影中で手が放せないという。

up to the (one's) ears は、「仕事に忙殺されて」とか「……が山ほどあって」という意味です。同じ意味の表現に、up to the (one's) chin, up to the elbows, up to the eyes, up to the knees, up to the neck があります。あご、耳、ひじ、目、ひざ、首……と身体の部位をいろいろ使えますから、覚えやすいですね。

> We are up to the elbows in orders.
> 注文に忙殺されている。
>
> Ken is up to his neck in homework.
> ケンは宿題の山と格闘している。

⑥ ボッカ・ディ・レオーネ通りからトレヴィの泉
Via Bocca di Leone / Pazza di Trevi

アパートを出たアンが通る青空市場の撮影が行われたのが、ボッカ・ディ・レオーネ通り。アンは、新鮮な野菜や魚介類を売る店が並ぶいきいきした通りを歩き、ウィンドウショッピングを楽しみ、トレヴィの泉に着く。今もローマ有数の観光名所であるトレヴィの泉は、古代ローマ時代に皇帝アウグストゥスがつくらせたものだが、今見ることができるのは1762年に建設されたものである。

ポーリ宮殿の壁面彫刻とトレヴィの泉

アパートを出て大使館に戻るにはお金が要る。そこでアンはジョーに、I-I almost forgot. Can you lend me some money? と言う。そのお金で新しい靴を買ったアンは、意気揚々とトレヴィの泉まで歩くのだった。

⑦ スペイン広場
Piazza di Spagna

スペイン階段から広場の噴水を見る

ショートヘアにしたアンが次に向かうのが、コンドッティ通りの突き当たりにあるスペイン広場だ。広場にあるスペイン階段（正式にはトリニタ・ディ・モンティ階段）は、ローマでも最も人気のある場所で、アンがジェラートを食べるシーンもここで撮影された。
ここに偶然を装ってジョーが現れ、Well, it's you! と声をかける。
もう帰らなければ、というアンに向かって、why don't you take a little time for yourself?（もう少し楽しんでいったらどうだい）と言う。1時間ぐらいなら、とためらうアンに、Live dangerously, take the whole day!（夜までやりたいことをやろう）と誘うジョー。2人の座っていた大階段の上には、フランス王ルイ12世によって建設されたトリニタ・ディ・モンティ教会が映し出されている。

⑧ カフェ・ノテーゲン
Café Notegen

アンの「オープンカフェに行ってみたい」という希望をジョーが叶えるために連れて行ったカフェ。映画の中では、「カフェ・ロッカ」と呼ばれていた。現在のカフェは1977年に火災のため建て直されたもの。カフェの内部は、このカフェ・ノテーゲンで撮影された。
互いに素性を明かせないまま、街路沿いのテーブル席で会話する2人。そこへカメラマンのアーヴィングがやって来る。アンを見たアーヴィングは、Hey, anybody tell you you're a dead ringer for...（誰かに生き写しだって……）と言いかけ、ジョーに中断される。

⑨ パンテオン
Piazza della Rotonda

カフェのシーンで映し出されるのが、パンテオン。カフェは広場の西のロトンダ通り沿いにあるという設定になっている。パンテオンは様々なローマ神を奉る神殿で、その起源は紀元前25年までさかのぼることができる。その後、128年に再建されたのが現在の建物である。広場にある噴水は、16世紀に建築家ポルタによってデザインされたものだ。
カメラマンのアーヴィングはどうやらライターに仕込まれたカメラを使って王女の撮影をすることにしたらしい。Would you care for a cigarettes?（タバコはいかが？）というアーヴィングに対し、アンはタバコをもらいながら、You wcn't believe this but it's my very first.（信じられないかもしれないけど、本当に初めてタバコを吸うの）と言うのだった。

⑩ テアトロ・ディ・マルチェッロ通り
Via del Teatro di Marcello

ヴィットリオ・エアヌエーレ2世の記念堂

カフェを出た後のアンとジョーが、スクーターで疾走するシーンを撮影した通り。映画には、1870年のイタリア統一の立役者となったヴィットリオ・エアヌエーレ2世の記念堂やマルチェッロ劇場なども映し出される。

⑪ コロッセオ
Piazza del Colosseo

スクーターに乗った2人は、巨大な円形闘技場コロッセオ周辺にやって来る。コロッセオは、古代ローマの皇帝、ウェスパシアヌス帝が建てさせたもので、80年に完成した。ローマ市民への人気取りのための娯楽提供場として使われ、ときには拳闘士と猛獣による命をかけた闘技会なども行われた。ガイドの説明を熱心に聞くアン王女の姿が映し出されている。

⑫ 真実の口
Bocca della Verità

6世紀に創建されたとされるサンタ・マリア・イン・コスメディン教会の外壁にある、髭を生やした男（海神トリトーネといわれる）の彫刻。ウソをついている人が、口に手を入れると、その手を噛まれるという伝説がある。アンは身分を隠しているということもあり、真実の口に手を入れることができなかったというあまりにも有名なシーンがここで撮影された。映画の中では、このコスメディン教会の隣に3人がつかまった警察署があるという設定になっていた。

サンタ・マリア・イン・コスメディン教会

I'm going straight from now on.
これからは心を改めるよ

【解説】高額の分け前に釣られて隠し撮りを依頼されたアーヴィングともども3人は市内をスクーターで駆け巡る。アンが運転したスクーターは暴走し、3人は警察署で判事の前に立つはめに。しかし、ジョーが何事かを判事に告げると（後のシーンで、結婚するために教会に行くところだとウソをついたことがわかる）、3人は解放され、警備の警官の前を通り過ぎる時のアーヴィングのわざとらしいセリフです。

go straightは、正直に生きる、改心する、更生するという意味のスラングです。

> After the man got out of prison, he went straight.
> 出所後、男はまともに暮らした。

近頃では、「薬（やく）をやめる」という意味で使われることもあります。

いずれにしても、道をたずねられて Just go straight on.（まっすぐ行けばいいですよ）と言うべきところで on を忘れると、怖い目に遭うことにもなりかねませんね。

このシーンの台詞から 5

You beast! ひどい人！

【解説】ウソをついて急場を逃れた3人はローマの名所の一つThe Mouth of Truth（真実の口）を訪れる。「ウソつきが手を入れると、腕を噛み切られるよ」とジョーが言って、手を入れる。すると、ジョーが大声で叫ぶ。アンが急いでジョーを引き離すと、ジョーの手首がない。アンは恐怖で顔をおおう……実はジョーが手首を上着の袖に引っ込めただけだった……一杯食わされた形のアンが笑いながらジョーをたたく場面です。ここは「けだもの！」ではなく、かわいらしいニュアンスを込めて。

　　　　　Don't be a beast. 　　意地悪しないで / お願いを聞いて

という表現もあります。

⑬ ポリクリニコ通り
Viale del Policlinico

「真実の口」の後にアン、ジョー、アーヴィングの3人が訪れる「祈りの壁（通称）」があるとされるサン・ロレンツォ地区にある通り。映画の中ではマリア像やお札が貼られているが、実際にはローマの街を囲む城壁ではないかと言われている。

このシーンの台詞から 6

And at midnight I'll turn into a pumpkin and drive away in my glass slipper.
そして日付が変わると、ガラスの靴を履いてカボチャの馬車に乗り、去っていくのね。

【解説】これはもちろん、シンデレラのお話。アンは戻らなくてはならない自分の身をシンデレラにたとえたのですね。デートに門限のある人は使ってみては？

時間を約束する場合、誤解を招かないように、

　　　　　It's 12 o'clock midnight. 　　夜中の12時と
　　　　　It's 12 o'clock noon. 　　　　昼の12時

を区別するといいかも知れません。

⑭ サンタンジェロ城
Lungotevere Castello

サンタンジェロ城とサンタンジェロ橋

船上パーティの会場の背景として映し出されたのがサンタンジェロ城。テヴェレ川右岸にある城塞で、135年皇帝ハドリアヌスの命で建設を開始、139年に完成した。霊廟であるこの建物には、ハドリアヌスの他に、アントニヌス帝ほか多くの皇帝が埋葬されている。ここでアンとジョーはダンスを楽しむが、大使館から差し向けられた黒服の男たちと大乱闘となる。川に落ちたアンとジョーのキスシーンが撮影されたのも、このサンタンジェロ橋の少し下流にある橋のたもとである。

If you don't mind my saying so, I think you are a ringer.
もし、こう言ってもよろしかったら、あなたはそっくりさんですね。

【解説】上のように訳しては意味が通りませんね。そのわけは、ジョーに撮影を依頼される直前の場面で、アーヴィングがアンを見て、you're a dead ringer for ～ (あなたは生き写しだね) と言いかけたために、ジョーがテーブルの下でアーヴィングのすねを蹴りつけて口を封じたシーンにあります (⑧カフェ・ノテーゲン参照)。アンにringerの意味を聞かれ、アンの正体を知っていることがバレるのを恐れたジョーは、とっさにanybody who has a great deal of charm (とても魅力的な人のこと) とウソをつき、アンは信じこんでしまったのです。サンタンジェロ河に浮かぶ船上で熱く踊った2人がひと休みする場面で、アンがジョーにささやきました。ジョーはウソをついたことを思い出し、つじつま合わせにThank you very much.と返答します。

> He is a dead ringer for his father.
> 父親に生き写しだ。

If you don't mind my saying so ～は、王女らしく丁寧な表現です。Do you mind if I say so ～?と言い換えられます。疑問形でDo you mind my opening the window? (窓を開けてもかまいませんか？) という言い方もあります。

⑮ バルベリーニ宮殿
Palazzo Barberini

バルベリーニ広場から延びるクアットロ・フォンターネ通りを行くと、左手に鉄格子と石柱が見えてくる。この宮殿が、映画の中でアン王女がローマ滞在中に過ごすことになっていた大使館の外観として使われたバルベリーニ宮殿である。17世紀前半に建設されたこの宮殿の内部にある巨大な天井画は、イタリアの画家、建築家として多くの作品を残しているピエトロ・ダ・コルトーナの「神の摂理」。政府に寄付された後は、国立古典絵画館として公開されている。

1864年に建設された正門は、映画の中で、最初にアン王女が大使館を抜け出すシーンと、翌日ジョーと別れるシーンのバックに使われている。門の前に車を止めた2人は、

ANN: I have to leave you now. You must stay in the car and drive away. Promise not to watch me go beyond the corner. Just drive away and leave me, as I leave you.
（ここでお別れを。車を降りずに、そのまま行って。私のことは見送らないと約束して。ここでお別れを）

Joe: Alright.（分かった）

ANN: I don't know how to say goodbye. I can't think of any words.
（何と言えばいいのか、言葉が見つからない）

Joe: Don't try.（言わなくていい）

という会話を交わした後、アンは門を通り抜けていく。

④ マルグッタ通り
Via Margutta

前述のジョーのアパートが再び出てくる。アンとの一日が終わりアパートで呆然としているジョーのもとに訪れたのは上司だった。

このシーンの台詞から 8

It all adds up!
それでわかったぞ！

【解説】王女の身分から解放されて夢のような一日を過ごしたアンは、ジョーへの思いを断ち切るようにして大使館に戻る。翌日、抜け殻のようになったジョーのアパートに上司のヘネシーがやって来た。「本当に（独占インタビューを）ものにしたのか？」とたずねるヘネシーに、ジョーは「できなかった」とウソをつくが、ヘネシーは「隠すな」と問い詰める。ジョーが最初に独占インタビューを切り出して姿を消したこと。大使館にいるヘネシーの情報源によれば王女は病気などではないこと。船上のダンスパーティー。某国の秘密警察官の逮捕劇。そして、王女が奇蹟的に回復した知らせ……と状況証拠を並べ立てたヘネシーのセリフです。add upは「計算が合う」「つじつまが合う」という意味です。

> These figures don't add up.
> 計算が合わない。
>
> Your story doesn't add up.
> あなたの話はわけがわからない。

最後に、ジョーと別れて戻らざるをえなかったアンの心境はこんなところだったでしょうか……。

> Nothing adds up in the world.
> 世の中には納得できるものなどないわ。

バイクが立ち並ぶ
ローマの街角

⑯ コロンナ宮殿
Palazzo Colonna

ローマの貴族、コロンナ家の宮殿として15世紀に建造された。ベネチア派の絵画を所蔵し、現在はコロンナ美術館として公開されている。

アン王女が行方不明になったことで延期されていた記者会見の会場となったのが、サラ・グランデという大広間。広間には各国の記者が集まっており、その中にはジョーとアーヴィングもいた。

ある記者に訪問した国々の中でどこが一番良かったか、と尋ねられたアン王女は、Each in its own way……（どこもそこならではの良さが…）と社交辞令を言いかけるが、気が変わったように、Rome, by all means, Rome. I will cherish my visit here, in memory, as long as I live.（ローマ、何と言ってもローマです。生きている限り、このローマでのことは忘れないでしょう）と答えるのだった。そして会見が終わると、アンは名残惜しそうにジョーを見つめると、笑顔をのこして広間を後にする。

Part I
Chapter 1 – Chapter 2

Chapter 1
The Princess 28
プリンセス

Chapter 2
A Gentlemen's Agreement 42
紳士協定

Chapter 1
The Princess

Princess Ann was all over the news. She was traveling through Europe. But this was not a holiday for the princess. No, this was work. She met with kings and queens to build strong friendships for her country. First, she visited London, then Amsterdam, then Paris, and then it was on to Rome.

In Rome, she was the special guest at a ball. Important people came from all over the world to meet her. She was polite to everyone and danced all night. But she was glad when the ball ended and she was finally allowed to go to her room.

"Here is your milk to help you sleep," said the countess, as Ann got ready for bed. The countess was in charge of taking care of Ann.

Ann stood on her bed and looked out the window. There was music playing outside.

■all over the news ニュースをにぎわせている　■ball 图（大）舞踏会　■countess 图 伯爵夫人　■get ready 用意[支度]をする　■in charge of ～をまかされて、～を担当して　■look out（中から）外を見る

第 1 章
プリンセス

　ニュースはアン王女の話題でもちきりだった。王女はヨーロッパを巡っている最中だ。けれど、休暇旅行ではない。そう、仕事だった。自国とヨーロッパ諸国との友好関係を確かなものにするために、多くの王や女王に謁見した。最初に訪れたのはロンドンで、その次はアムステルダム、それからパリ、そして今はローマだった。

　ローマでは、王女のためにきらびやかな歓迎の宴がひらかれた。世界中のお偉方が王女をひとめ見ようと集っていた。王女は一人ひとりに礼をつくし、夜通しダンスにつきあった。それでも、宴がお開きになり、ようやく部屋に戻ることができたとき、王女はほっと胸をなでおろした。

　「ミルクをお持ちしました。よく眠れますわよ」アンが寝る支度を終えると、伯爵夫人がやってきた。伯爵夫人はアンの世話係だ。

　アンはベッドの上に立って、窓の外をのぞいた。外から音楽が聞こえてきた。

"I hate this nightgown," Ann said. "And I hate all my underwear, too. They make me feel like I'm two hundred years old. I wish I could join those young people dancing outside."

"Please get into bed," the countess said. "And let me tell you what you're doing tomorrow."

The countess read a long list of visits and meetings Ann had the next day. Ann felt herself getting dizzy thinking of all the work she had to do.

"Stop! Please stop!" Ann cried out in the middle of the countess's list.

"Are you ill, Ann?" asked the countess. "Let me call Doctor Bonnachoven."

"I don't want to see the doctor! And it's no use, because I'll be dead before the doctor gets here!" Ann cried. She was being rather difficult.

"You're not going to die, Ann," said the countess.

Doctor Bonnachoven came quickly and found Ann lying still with her eyes closed.

"Are you asleep, princess?" The doctor asked.

"No!" said Ann.

"It's very important that she is well and happy for her meetings tomorrow," the countess said.

■underwear 图 肌着　■I wish I could 〜できたらいいのに《実際にはできない》
■get dizzy めまいがする　■cry out 叫ぶ　■no use 全く役に立たない

「こんなナイトガウン、嫌いだわ」と、アンは不満をもらした。「それに肌着もいや。まるで200歳のおばあちゃんになった気分よ。外で踊っている若い人たちの仲間に入れればどんなにいいかしら」
　「さあ、ベッドにお入りください」伯爵夫人が声をかけた。「明日のスケジュールを説明しますわ」
　伯爵夫人は、翌日の訪問先と面会のスケジュール表を延々と読み上げた。それらをすべてこなさなくてはならないのかと思うと、アンは頭がくらくらしてきた。
　「やめて！　やめてったら！」伯爵夫人の説明のさなかに、アンが叫んだ。
　「ご気分がすぐれないのですか、王女様」伯爵夫人が尋ねた。「ボナコーヴェン先生を呼んでまいります」
　「医者なんかいらないわ！　ムダよ、だって医者がくるころには、もう死んじゃってるんだから！」アンは泣き叫んだ。かなりご機嫌ななめだった。
　「死んだりしませんわ、アン王女」伯爵夫人がなだめた。
　侍医がかけつけると、王女は目を閉じて静かに横たわっていた。

　「お休みですか、王女様」
　「いいえ！」侍医の問いかけに、アンが答えた。
　「大切なのは、明日、王女がほがらかに会見されることです」伯爵夫人が言った。

"Well this will only take a minute," the doctor said. He took Ann's temperature and looked her over. Everything was fine.

"I'm sorry, Doctor Bonnachoven. I promise I'll be well tomorrow. I'll smile and be polite and build good trade relations and be in the news and ... and ... " Ann started to cry, feeling dizzy again.

"Here, this will help you sleep," the doctor said. He gave her a shot.

"What is it?" Ann asked.

"It's a new medicine that will help you feel happy," the doctor said. "And the best thing to do right now is to do exactly what you want." He packed up his things and told Ann and the countess good night.

When the doctor and countess left the room, Ann sat up in bed. She looked out the window again at the young people dancing outside. With a smile, she changed into some simple clothes. She left her room very quietly and walked out to the garden.

Ann found a little truck parked in the garden. She climbed into the back and hid between some boxes. Soon, the driver came to the truck, got in, and drove to the gate. Ann felt sleepy but she was excited for what was about to happen. The guards at the gate let the truck out into the city. All of a sudden, Ann was free!

■temperature 图 体温 ■look over 〜を調べる ■pack up 荷物をまとめる
■change into 〜に着替える ■walk out 立ち去る ■get in 〜に乗り込む ■all of a sudden 不意に

「では、少々失礼いたします」侍医は王女の熱を測って、それからざっと診察した。どこもおかしなところはなかった。
　「ごめんなさい、ボナコーヴェン先生。明日にはきっと元気になっていますから。ほほえんで、礼儀ただしくして、良好な貿易関係を築いて、話題をふりまいて……そして……」また頭がくらくらして、アンは泣きじゃくった。
　「ほら、これでぐっすり眠れますよ」と言って、侍医は王女に注射を打った。
　「それはなに？」アンが尋ねた。
　「気持ちがほぐれる新しいお薬です」と侍医は答えた。「今はお好きなようになさるのが一番ですよ」彼は診察道具をかばんにつめ、王女と伯爵夫人にお休みのあいさつをした。
　侍医と伯爵夫人が部屋から出て行くと、アンはむくりと起き上がった。もう一度窓の外をのぞいて、踊っている若者たちを眺めた。そして笑みを浮かべながら、シンプルな服に着替え、こっそり部屋から庭へ抜け出した。
　庭には小型のトラックが停まっていた。アンは荷台にあがって、箱の間にもぐりこんだ。しばらくして運転手がやってきてトラックに乗り込み、通用門へ向かった。眠気に襲われたけれど、これからのことを考えるとアンは胸がわくわくした。門番たちが許可をだし、トラックは街へ出てゆく。その瞬間、アンは自由の身になった！

Ann smiled and leaned against the boxes. The truck passed a restaurant filled with people. Then it passed a couple riding a scooter. Ann waved and the couple waved back. For a moment, the truck stopped, and Ann jumped out. As she walked, she passed the window of a room on the second story of a building.

Inside that room sat Joe Bradley, Irving Radovich, and some other men. They were playing cards and betting money. Irving was winning.

"After this last game, you gentlemen have to go home," Irving said. "I have an early meeting with the princess tomorrow. I'm taking her picture."

"Early?" said Joe Bradley. "My invitation from the princess says 11:45 a.m. That's not early at all."

"Irving is just afraid of losing the money that he won tonight," said a card player. "Right, Irv?"

"That's right," said Irving with a smile.

"Well, that's fine with me," said Joe. "I don't have much money left, so I'll go home now. See you tomorrow at the princess's little party, Irv. Good night, gentlemen."

As Joe walked down the street, he noticed a young girl lying on a park bench. He slowed down.

■lean 動 ～に寄りかかる　■story 名 階　■bet 動（金を）賭ける　■invitation 名 招待状　■be fine with（人）はそれで構わない

アンはにっこりほほえんで、荷物によりかかった。トラックは客でいっぱいのレストランを通り過ぎた。それからスクーターに２人乗りしたカップルを追い越した。アンが手を振ると、カップルも手を振り返してくれた。一瞬トラックが停まったすきに、彼女は荷台から飛び降りた。そしてぶらぶら歩いているうちに、ビルの２階の、とある部屋の下を通り過ぎるのだった。

　その部屋には、ジョー・ブラッドリー、アーヴィング・ラドヴィッチ、それから他に何人かの男たちがテーブルについていた。ポーカーで賭けをしている最中だ。アーヴィングが勝ち続けていた。

　「これが最後のゲームだ。終わったら諸君は家に帰れよ」とアーヴィングが言った。

　「明日は朝早くに、王女の会見がある。ぼくが写真を撮ることになってるんだ」

　「朝早く？」と言ったのはジョー・ブラッドリーだ。「招待状には午前11時45分と書いてある。早くもなんともないぜ」

　「アーヴィングはただ今夜の勝ち分を失くしたくないだけさ」ゲームに加わっている一人が言った。「だろ、アーヴ？」

　「そのとおり」アーヴィングはにんまりとした。

　「じゃあ、俺はそうしようかな」ジョーが言った。「あんまり金も残ってないし、そろそろ帰るよ。アーヴ、明日の会見で会おう。おやすみ、諸君」

　ジョーが通りを歩いていると、公園のベンチで寝ている若い娘の姿が目にとまった。彼は歩くスピードを落とした。

"So happy," said Ann. The medicine the doctor gave her was working — but maybe it was working a little too much. She sounded drunk, and she smiled with her eyes closed. Joe was going to keep on walking, but Ann almost fell off the bench.

"Hey! Hey! Wake up!" said Joe, catching her and making her sit up.

"Thank you very much, delighted," said Ann in her princess voice.

"Wake up," said Joe.

"No, thank you," said Ann. "You may sit down."

"I think you better sit up. You are too young to get picked up by the police."

"Two-thirty, and back here to change. Two forty-five, meeting with the minister," said Ann, listing the things she had to do the next day.

"You know, a young girl like you shouldn't drink liquor," said Joe.

Just then, Joe heard a taxi coming up the road. He waved at it and the taxi stopped.

"Look here," said Joe to the girl. "Here's a taxi. He'll take you home."

"Mmmm," said Ann. "So happy."

Joe helped her into the taxi.

"Tell the driver where you need to go. Do you have money?"

■keep on doing 〜し続ける　■sit up きちんと座る　■delighted 形 喜んでいる
■get picked up 逮捕される　■minister 名 大臣　■liquor 名（蒸留）酒　■come up 近づく　■wave at 〜に手を振る

36　Chapter 1 The Princess

「格別の喜びです……」アンは言った。侍医の注射が少し効きすぎていた。まるで酔っぱらっているような口調で、目を閉じたままほほえんでいる。ジョーは歩き続けたが、アンの体がもう少しでベンチから転げ落ちそうになった。
「おいおい！ 起きろよ！」ジョーは彼女の体を押さえて、座らせた。

「感謝いたしますわ」アンは王女らしい声でそう言った。

「さあ、起きて」
「いいえ、結構。お座りなさい」とアンが答えた。
「とにかく起き上がったほうがいい。君は警察の厄介になるには若すぎる」
「2時半、部屋に戻って着替え。2時45分、大臣と面会」アンは翌日のスケジュールを口にした。

「ねえ、君みたいな若い女の子が酒なんて飲んじゃいけないよ」ジョーが言った。
　ちょうどそのとき、タクシーが近付いてくる音がした。ジョーは手をあげてタクシーを停めた。
「さあ」彼は娘に声をかけた。「タクシーがきた。これで家に帰るんだ」
「うーん」と、アン。「格別の喜びです」
　ジョーの手を借りて、アンはタクシーに乗り込んだ。
「運転手に行き先を教えなさい。金はあるのか」

"Never carry money," Ann said.

"Fine, I'll pay for you," said Joe. He got into the car next to her. "Where do you live?"

Ann was falling back asleep. Joe tried to wake her, but her head just rolled from side to side and she smiled with her eyes closed. This was a lot of trouble, and Joe didn't want any of it. But what could he do?

"Fine," he said. He gave the driver his own address.

When the taxi arrived at Joe's house, Joe tried to wake the girl again.

"Hey, wake up. This is my house, but I gave the driver more money. Just tell him where you live and he will take you home. Good bye," Joe said and walked away.

The driver took one look at Ann sleeping and called after Joe.

"Oh, no! Sir, my taxi is not for sleeping! I have to go home too! She can't stay in my taxi!"

"I don't even know this girl!" Joe tried to explain. "She is not my problem!" But the taxi driver would not take her, so Joe gave up.

"All right," Joe said, pulling Ann out of the car. The taxi quickly drove away. Joe opened his door and helped her in. Ann was half sleeping and half walking. He had to help her up the steps and into his small room.

"Is this the closet?" Ann asked when they were inside.

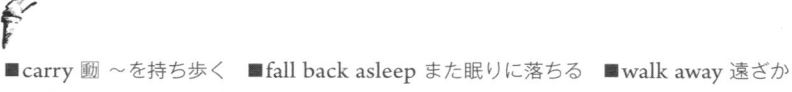

■carry 動 〜を持ち歩く　■fall back asleep また眠りに落ちる　■walk away 遠ざかる、別れる　■take one look at 〜を一目見る　■call after 後ろから呼び掛ける　■give up あきらめる　■drive away 車で走り去る

「お金は持ち歩きません……」

「わかった。ぼくが払おう」ジョーもアンの隣に乗り込んだ。「どこに住んでるんだい？」

アンはふたたび眠ってしまいそうだった。ジョーは起こそうとしたが、彼女は頭を右に左に揺らすだけで、ほほえみながら目を閉じていた。まいったな、こんなことになるなんて、とジョーは思った。けれど、他にどうしようもなかった。

「仕方ないな」彼は運転手に自分のアパートの住所を教えた。

タクシーがアパートに着いたので、ジョーはもう一度娘を起こそうとした。

「おい、起きろよ。ぼくの家に着いたけど、余分に金を払っておくから。運転手に住所を教えてやれば、家に連れて帰ってくれるよ。じゃあ」ジョーはそう言って歩きはじめた。

運転手は眠っているアンをちらりと見て、ジョーの背中に呼びかけた。

「だめだよ！ お客さん、タクシーは寝床じゃないんだ！ 俺だって家に帰らなきゃ！ この娘さんをタクシーの中に置いとけないよ！」

「知り合いでもなんでもないんだ！」ジョーは説明しようとした。「ぼくが面倒を見るすじあいはない！」それでもタクシーの運転手が折れようとしないので、ジョーはあきらめた。

「わかったよ」彼はアンをひっぱってタクシーから降ろした。タクシーはあっというまに逃げて行った。アパートの入り口のドアを開け、アンを中に入れた。彼女は夢うつつで歩いていた。ジョーはアンの体を支えながら、階段を上り、こじんまりした部屋に入った。

「ここはクローゼット？」中に入ったとき、アンが尋ねた。

"No!" said Joe. His feelings were a little hurt. "This is my room."

"Mmm... So happy," Ann said.

"Well, here are some pajamas. You can sleep there on the couch," Joe said.

"This is very strange," Ann said. "I have never been alone with a man before. But I don't seem to mind it." She began to take off her shirt.

"Um, well, I think I'll step out for some coffee," Joe said.

"You may go now," Ann said.

"Yeah, thanks a lot," said Joe as he left.

Back at the embassy, the countess, the general, and the ambassador all sat around a desk. They were all in their night clothes. A guard entered the room and said, "We cannot find her, sir."

"Did you search the garden?" asked the ambassador.

"Yes, every inch of it," said the guard.

"I see. Then you must promise that you won't talk about this to anyone. The princess is missing, but this is top secret. Will you promise?" said the ambassador.

"Yes, sir. I promise."

"Thank you. You may go," said the ambassador. The guard left the room.

Alone again, the countess, the general, and the ambassador looked at each other. Their eyes were filled with worry.

■hurt 形 傷ついた　■couch 名 長いす　■take off（衣服を）脱ぐ　■step out 席を外す　■embassy 名 大使館　■general 名 将軍　■ambassador 名 大使　■every inch of ～ の至る所

40　Chapter 1　The Princess

「違うよ！」ジョーは少しむっとした。「ぼくの部屋だ」
「ふうん……格別の喜びですわ」
「さあ、パジャマだ。その長いすで寝てくれ」ジョーは言った。

「おかしなこと」とアンが言った。「殿方と2人きりになるのは初めてよ。でも私は構わないわ」彼女はブラウスを脱ぎ始めた。

「ええと、ちょっとコーヒーでも飲んでこようかな」
「下がってよろしい」アンが言った。
「そいつはどうも」ジョーは部屋を出て行った。
　そのころ大使館では、伯爵夫人、将軍、大使がそろって机を囲んでいた。3人ともナイトガウンやローブ姿のままだった。警備員が部屋に入ってきて、「見つかりません」と言った。
「庭は探したのか？」大使が尋ねた。
「はい、隅から隅まで」
「わかった。このことは決して他言するな。王女が行方不明だなんて、外に漏らすわけにはいかん。わかったな？」と大使が命じた。

「はい、わかりました」
「行ってよろしい」と大使が言うと、警備員は退室した。

　ふたたび3人だけになると、伯爵夫人と将軍と大使は互いに顔を見合わせた。彼らの目は不安でいっぱいだった。

Chapter 2
A Gentlemen's Agreement

The next morning, the top stories in all the newspapers were about the princess. "Princess Ann Suddenly Falls Ill: All Meetings Canceled," the papers read.

Joe woke up when the clock struck noon. Shocked, he looked again at the clock on his desk and hurried out of bed.

"Oh no! The princess interview!" he cried out.

"Hmm?" said Ann, who was still sleeping on the small couch.

Without answering, Joe got dressed and rushed out the door.

Joe arrived at the newspaper office as Mr. Hennessy, his boss, finished reading the morning newspapers.

"Good morning, Joe," said the secretary as Joe entered the office.

"Hello, honey," said Joe. He took the cup of coffee she held in her hand and drank.

■gentlemen's agreement 紳士協定　■fall ill 病気になる　■the clock strikes 時計が〜時を告げる　■get dressed 服を着る　■rush out 急いで出て行く　■secretary 名 秘書　■honey 名 あなた、かわいい人《呼びかけ》

第2章
紳士協定

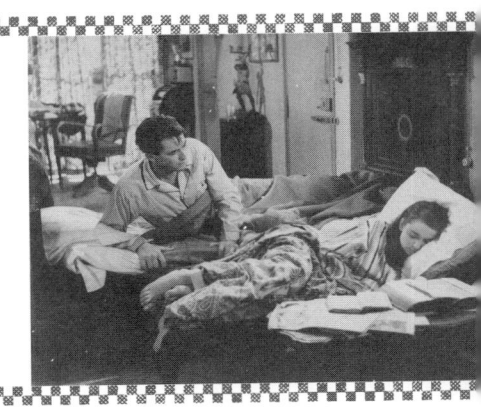

翌朝、ありとあらゆる新聞の一面を飾ったのは王女の記事だった。「アン王女、急病。全日程は中止へ」

　ジョーは正午の鐘の音で目を覚ました。びっくりして、いまいちど机の上に置いてある時計を確認し、あわててベッドから飛び降りた。
「しまった！　王女の会見が！」ジョーは叫んだ。
「うん……」アンはまだ小さな長いすで眠ったままだった。ジョーは何も言わずに、急いで服を着て部屋を飛び出した。
　ジョーが新聞社のオフィスにたどりついたとき、上司のヘネシー氏は朝刊を読み終えたところだった。
「おはよう、ジョー」オフィスに入ると、ヘネシー氏の秘書が声をかけてきた。
「やあ」ジョーは秘書の手からコーヒーを取りあげ、一口飲んだ。

"Mr. Hennessy has been looking for you," said the secretary.

"Oh, no," said Joe. He took a piece of bread from her desk. He ate it as he went to Mr. Hennessy's closed door.

"Come in!" said Mr. Hennessy. He sounded very angry.

Joe and the secretary shared worried looks before Joe opened the door and went in.

Mr. Hennessy sat behind his desk in his office.

"Were you looking for me?" asked Joe.

"You're late," Mr. Hennessy said. "We are supposed to come to work at 8:30 a.m. in this office."

"But I've already done my work for the day," said Joe.

"Which was?" asked Mr. Hennessy.

"The interview with the princess at 11:45 a.m."

"And you're already done?" asked Mr. Hennessy, surprised.

"Yes, sir. I got the whole story."

"Well, please excuse me then. I'm sorry."

"It's ok," said Joe, getting up. He was in a hurry to leave.

"But wait just a minute," said Mr. Hennessy. "This is very interesting. Tell me about the interview." Mr. Hennessy looked at the morning newspapers on his desk.

"Well, it wasn't so special, really," said Joe. "I don't have much to tell you."

■sound 動 〜に聞こえる　■share 動 共有する　■sit behind the desk 机に座る
■done 形 済んだ、完了した　■excuse 動 許す　■in a hurry 急いで

「ヘネシーさんが探してたわよ」と秘書が言った。
「弱ったな」彼は秘書の机の上にあったパンを手にとって、口に入れながら上司のオフィスのドアをノックした。
「入れ！」怒った声が聞こえてきた。
ジョーは秘書と不安げな視線をかわし、それからドアを開けて中に入った。
ヘネシー氏は机に座っていた。
「何かご用ですか？」ジョーはそう尋ねてみた。
「遅刻だぞ」とヘネシー氏は言った。「始業時間は8時半のはずだがね」

「いえ、もう一仕事してきたんですよ」
「どういった仕事だ？」
「王女の会見です。11時45分の」
「行ってきたのか？」ヘネシー氏は驚いた顔をした。
「そうです。はじめから終わりまで聞いてきました」
「そうか、それはすまなかったな」
「いいんですよ」ジョーは立ち上がり、急いで部屋を出ようとした。
「いや、ちょっと待ってくれ」ヘネシー氏が呼び止めた。「それにしても興味深いね。会見の内容を教えてくれないか」彼は机の上の朝刊に目をやった。
「そうですね……特に変わったことはありませんでした。お話しするようなことは何も」

"But did she answer all the questions? What did she say about the future of Europe?"

"Um, well," said Joe, "she said it was fine."

"Fine?"

"Just fine."

"Right. What did she say about the future friendship of nations?"

"Um," said Joe, looking at his feet.

"Well?" said Mr. Hennessy. He crossed his arms, waiting for an answer.

"Children," said Joe. "She said children hold the key to the future."

"Well, Joe, you must have worked very hard to get these answers from the princess!" said Mr. Hennessy. "Especially because she fell ill at 3 a.m. this morning and has canceled all meetings and interviews today!"

Mr. Hennessy threw a newspaper at Joe.

"If you ever woke up on time and read the morning news, you would know this!" Mr. Hennessy yelled. "But instead, you come into my office late and lie!"

■nation 名 国家 ■cross one's arms 腕を組む ■If someone ever 万が一〜なら
■on time 時間通りに ■yell 動 怒鳴る ■lie 動 うそをつく

「だが、王女は質問に全部答えたんだろう？　ヨーロッパの将来についてはなんとおっしゃっていたかね」
　「えーとですね……」ジョーは一瞬口ごもった。「明るいでしょう、と」
　「明るいだと？」
　「それだけです」
　「なるほど。国際親善についての意見は？」
　「えーと……」ジョーは足元を見つめた。
　「なんだって？」ヘネシー氏は腕を組んでジョーが何か言うのを待っていた。
　「子供たちです」ジョーが口を開いた。「未来への鍵は子供たちが握っているとおっしゃっていました」
　「ふむ。ジョー、君は王女からこれだけの話をひきだすのに、相当努力したんだろうね！」ヘネシー氏が言った。「なにしろ王女は今朝の3時に具合を悪くされ、今日のスケジュールはすべて白紙になったんだからな！」

　ヘネシー氏はジョーに向かって朝刊を投げつけた。
　「時間通りに起きて朝刊を読んでいれば、こんなことは知っていて当然だがな！」ヘネシー氏は怒鳴り声をあげた。「つまり君は遅刻した上に、ウソまでついたというわけだ！」

Joe looked at the newspaper in front of him. "Oh," was all he could say. Then he saw the picture of the princess in the newspaper. Joe's eyes almost jumped out of his head. It was her! That strange girl that he helped last night!

In the picture, the princess wore a rich, beautiful dress and a diamond crown. But it was the same woman whom Joe had met last night. Princess Ann was sleeping in his room at that very moment. Suddenly, Joe had a great idea.

"Mr. Hennessy," said Joe, "how much would a real interview with the princess be worth?"

"What do you mean?" said Mr. Hennessy, still angry.

"I mean a special interview with the princess. I mean an interview where she talks about more than just the future of nations. If the princess talked about her private life, her loves, her hopes, and her dreams, how much would you pay?" said Joe.

"Why do you care?" Mr. Hennessy asked. "You don't know how to get an interview like that."

"Please, just answer the question," said Joe. "How much?"

Mr. Hennessy threw up his hands, giving up. There was no way to argue with Joe Bradley.

"Oh, something that good would be worth about five thousand dollars at any newspaper," Mr. Hennessy said. "But how would anybody get that interview? The princess is sick!"

■wore 動 wear（着る）の過去形　■crown 名 王冠　■whom 関 〜するところの人
■at that very moment まさにその瞬間に　■throw up one's hands お手上げだとあきらめる　■There is no way to 〜する可能性はない。　■argue with 〜と議論する

48　Chapter 2 A Gentlemen's Agreement

ジョーは朝刊に目を落とした。「ああ……」それしか口にでてこなかった。それから王女の写真を見た。ジョーの両目が飛び出さんばかりになった。彼女だ！　ゆうべ助けてやった、あのへんてこな娘だ！

　写真の中の王女は、豪華なドレスを着て、ダイヤモンドの王冠をつけていた。だがそれはまぎれもなく、ゆうべ出会った娘だった。今この瞬間もアン王女はジョーの部屋で眠っているのだ。ふとジョーの頭にすばらしいアイデアが浮かんだ。
　「ヘネシーさん」ジョーが呼びかけた。「王女の本物のインタビューはいくらになりますか？」
　「どういう意味だ？」ヘネシー氏はまだ怒っていた。
　「つまり、特別なインタビューのことです。たんなる欧州連合の将来みたいなことではなく。もし王女の私生活や、恋愛話や、将来の望みや、夢や、そんな話を聞き出せたら、いくらもらえますか？」とジョーは尋ねた。
　「なぜそんなことを聞く？」ヘネシー氏が言った。「そんなインタビュー、とれっこないだろう」
　「とにかく質問に答えてください。いくらになるんです？」
　ヘネシー氏はお手上げだといわんばかりに両手をあげた。これ以上言い争っても仕方なかった。
　「そうだな、内容がよければどんな新聞社でも5000ドルは出すだろうな。しかし、そんなことができる奴はいないだろう。王女はご病気なんだぞ！」

"I have a way. I will get that interview, but you have to pay me five thousand dollars. Will you agree to it? If so, shake my hand," said Joe, very excited.

Mr. Hennessy laughed as he shook Joe's hand. It all seemed like a big joke to him.

"Do you realize the princess is sick today and she leaves for Athens tomorrow?" asked Mr. Hennessy.

"Sure I do," said Joe, hurrying to leave the room and get to work.

"Wait just a minute," said Mr. Hennessy. "I want to make another bet with you. If you don't get an interview with the princess at all, you owe me five hundred dollars. Is that a deal?"

"Yes!" said Joe. He shook Mr. Hennessy's hand again. "But I'm going to win this bet. And when you pay me five thousand dollars, I'm going to leave this place. I will buy myself a one-way ticket back home to New York!"

Joe put the newspaper into his pocket and walked out of Mr. Hennessy's office.

■shake one's hand (人) と握手する　■big joke お笑いぐさ　■sure 副 もちろん《肯定的返答を表す強意》　■get to work 仕事に取りかかる　■owe 動 (人) に借りがある
■Is that a deal? 取引成立ですね？　■one-way ticket 片道切符

「つてがあるんです。インタビューをとってきますよ。そうしたら5000ドル払ってくださいね。いいですか？ よければ握手しましょう」興奮した口ぶりだった。

　ヘネシー氏は高らかに笑いながら握手をした。お笑い種(ぐさ)としか思えなかったからだ。

「わかっているのか？ 王女は今ご病気で、明日にはアテネに発たれるんだぞ？」

「もちろんわかっています」ジョーは仕事にとりかかるために大急ぎで部屋を出ようとした。

「ちょっと待て」ヘネシー氏が呼びとめた。「賭けをしようじゃないか。王女のインタビューがとれないほうに、500ドル賭ける。いいな？」

「いいでしょう！」2人はもう一度握手した。「でもぼくが勝ちますよ。そうしたら、あなたから5000ドルをいただいてここを辞めます。片道切符を買ってニューヨークへ帰りますから！」

　ジョーは新聞をポケットにねじこむと、ヘネシー氏のオフィスから出て行った。

覚えておきたい英語表現 1

> Princess Ann was all over the news. （p.28, 1行目）
> ニュースは、アン王女のことで一色だった。
>
> Important people came from all over the world to meet her.
> （p.28, 6行目）
> 世界中から重要人物が彼女に会いにやって来た。

【解説】all overは、It's all over with him.(彼はもう終わりだ)のように使われることも多いですが、ここでは「〜のいたるところに」という意味です。また、形容詞のall overは、「全面にわたる」という意味になります。

【例文】① He has traveled all over Japan.
　　　　　彼は日本全国くまなく旅行した。

　　　　② The singer is known all over the world.
　　　　　その歌手は世界中に知られている。

> to build strong friendship （p.28, 3行目）
> 固い友好関係（友情）を築く。

【解説】アン王女は、ヨーロッパの国々と友好関係を築くために外遊に出かけたわけですが、この表現はもちろん個人レベルでも使います。また、東日本大震災の際に、しきりに使われた絆（きずな）という言葉の英語表現にも使われました。

【例文】① Building strong friendships comes easily to some—and not so easily to others.
　　　　　固い友情を結ぶことが簡単にできる人もいれば、なかなかできない人もいる。

　　　　② We once again realized the need and importance of the "bond of friendship" with the international community.
　　　　　国際社会との絆の必要性と重要性を、私たちは再認識した。

覚えておきたい英語表現 1

> The countess was in charge of taking care of Ann. (p.28, 11行目)
> 伯爵夫人はアンの世話係を任されていた。

【解説】in charge ofには、「〜に責任がある、〜を担当している」という意味が、take care ofには、「〜の世話をする、〜を管理する」という意味があります。

【例文】　① I will place you in charge of the First Year Class.
　　　　　　君には1年生のクラスを担当してもらおう。

　　　　　② Our parents spent a lot of time taking care of us when we were young.
　　　　　　幼い頃、両親は私たちの世話に長い時間を費やしていた。

> Ann felt sleepy but she was excited for what was about to happen. (p.32, 下から3行目)
> アンは眠かったが、いまから起こることに興奮していた。

【解説】be about to は、be going toよりも差し迫った未来を表わし、「まさに……しようとしている」という意味です。否定形になると、「……するつもりはない」という意味になります。

【例文】　① She was about to leave the house.
　　　　　　彼女は、家を出るところだ。

　　　　　② He was not about to believe a story like that.
　　　　　　彼は、そんな話を信じる気になれなかった。

> Joe was going to keep on walking, but Ann almost fell off the bench.（p.36, 3行目）
> ジョーは歩き続けようとしたが、アンがベンチから落っこちそうだった。

【解説】keep on ~ ingは、ある行為を「し続ける」という意味です。

【例文】① I kept on making the same mistake.
　　　　私は、同じ間違いを繰り返していた。

　　　　② He was determined to keep on trying.
　　　　彼は挑戦し続けようと決意していた。

> Joe tried to wake her, but her head just rolled from side to side and she smiled with her eyes closed.（p.38, 4行目）
> ジョーが彼女を起こそうとしたけれど、頭がただ左右に揺れるだけ。彼女は目を閉じたままでほほえんでいた。

【解説】roll from side to sideは、「左右に揺れる」、船であれば横揺れするという意味です。アンの可愛い寝顔が想像できそうです。左右ではなく、縦に「こっくりこっくり舟を漕ぐ(居眠りする)」のは、nod(うなずく)を使います。He nodded over his work.（彼は仕事中にこっくり居眠りをした）というように。

【例文】① The ship rolled from side to side in the storm.
　　　　船は、嵐で左右に揺れた。

　　　　② Bobbing up and down, our raft rolled from side to side, like a drunken sailboat.
　　　　上下に飛び跳ね、私たちのゴムボートは、まるで酔っぱらった帆船のように横揺れした。

覚えておきたい英語表現 1

> "Is this the closet?" Ann asked when they were inside. （p.38, 最終行）
> 「ここは押入れ（クロゼット）なの？」2人が部屋に入ると、アンが尋ねた。

【解説】王女様の目に映ったジョーの部屋の狭さが想像できますね。そういえば一昔前、日本人の住まいはまるで〈ウサギ小屋 rabbit hutch〉とからかわれたものです。Some foreigners look at the small houses in Japan and say they are just like rabbit hutches.というわけですね。日本の家庭でもwalk-in closet(衣裳部屋)が当たり前になるといいですね。ところで、日本ではトイレのことをWCと言ったりもしますが、水洗便所を英語で正しく言うと、water closet 略してWCなのです。

また、closetを動詞として使うと、「閉じ込める」とか、「秘密会談をする」という意味になります。

【例文】 ① The first public water closets were opened in Fleet Street in London in 1852.
最初の公衆水洗トイレは、1852年にロンドンのフリート街に設置された。

② He was closeted with the president.
彼は社長と密談中だった。

> "Yes, every inch of it," said the guard. （p.40, 下から9行目）
> 「もちろん、庭の隅々まで」と警備員は言った。

【解説】every inch ～には、「隅から隅まで」という意味のほかに、「申し分ない」という意味もあります。

【例文】 ① I know every inch of London.
ロンドンなら隅から隅まで知っている。

② He is every inch a businessman.
彼は典型的なビジネスマンだ。

覚えておきたい英語表現 1

> "Princess Ann Suddenly Falls Ill: All Meetings Canceled," the papers read. (p.42, 2行目)
> 「アン王女、急病：全ての会見をキャンセル」と各紙が伝えた。

【解説】readは簡単な単語に見えますが、なかなかの曲者で、読解力(ability to read and comprehend)が必要です。まず、動詞の時制変化がread-read-read(ただし、過去・過去分詞の発音は、[réd]) なため、文章の時制を見きわめる必要があります。さらに、本文のreadは、「～と読める、～と書いてある」という意味です。

【例文】① The letter reads like a lie.
　　　　その手紙は、うそのように思える。

　　　② The sentence reads as follows.
　　　　その文章は、以下の通りです。

> Joe's eyes almost jumped out of his head. (p.48, 3行目)
> ジョーの目玉は、飛び出さんばかりだった。

【解説】jumpの代わりに、popが使われることもあります。

【例文】① My eyes almost jumped out with horror.
　　　　怖くて目玉が飛び出るほどだった。

　　　② My sister showed me the ring Jim gave her, and my eyes popped out of my head, it was so beautiful.
　　　　ジムがくれたという指輪を妹が見せてくれたが、あまりの美しさに目玉が飛び出しそうになった。

Part II
Chapter 3 – Chapter 4

CHAPTER 3
Anya Around Town 58
アーニャ、街を行く

CHAPTER 4
The Three Friends 76
3人の友達

Chapter 3
Anya Around Town

Back at his apartment, Joe entered his room slowly and quietly. He didn't want to wake the princess. He walked over to the couch, where the princess was still sleeping, dressed in his pajamas. He took out the newspaper and put the picture next to her face. It was her.

"Your Highness?" Joe said, just to make sure. "Your Royal Highness?"

"Mmmm," Ann said. She moved a little with her eyes still closed. "Yes, what is it?"

Joe smiled wide. Yes, it was her, no doubt about it. Joe carefully picked her up — blankets and all — and placed her on his bed.

"Doctor Bonnachoven," said Ann, still half asleep. "I had so many dreams last night."

■walk over to 〜の方に歩いていく　■Your (Royal) Highness 殿下《呼びかけ》
■make sure 確かめる　■no doubt 違いない　■half asleep 夢うつつ

第3章
アーニャ、街を行く

　アパートに戻ると、ジョーはしのび足で部屋に入った。王女を起こしたくなかったからだ。長いすに近づくと、王女はまだパジャマ姿のまま寝入っていた。ジョーは新聞を取りだして、寝顔の横に写真を並べた。やはり同じ顔だ。

「殿下？」確かめようとして、ジョーは声をかけた。「王女殿下？」

「ん……」アンはほんの少し身じろぎしたが、目は開けなかった。「何かご用？」
　ジョーはにんまりとした。そうだ、彼女だ、間違いない。彼はうやうやしく王女を抱きかかえ──毛布や枕ごと──ベッドに移した。
「ボナコーヴェン先生……」アンはまだ夢うつつだった。「昨晩は……いろんな夢を、見ました」

"Oh?" said Joe.

"I dreamed... I dreamed that I was sleeping on the street..." said Ann.

"And?"

"And a young man came along... He was tall and strong..."
"And?"

"And he was so mean to me," said Ann, making a face. But then she smiled. "It was so wonderful!" Ann finally opened her eyes. Seeing where she was, she sat up quickly in bed. She held her blankets close to her.

"Good morning!" said Joe.

"You're not Doctor Bonnachoven!" said Ann.

"Who?" said Joe. "I don't know anybody by that name."

"But wasn't I talking to him just now?" asked Ann, looking very worried.

"No, I'm afraid not," lied Joe.

"Am... Am I hurt?" asked Ann, feeling her body under the blanket. She looked at the pajamas she was wearing.

"No, no, you're just fine!" said Joe.

"Would you be so kind as to tell me where I am?"

"This little place is my apartment."

■come along やって来る　■mean 形 意地悪な　■make a face 顔をしかめる　■hold ～ close to … ～を…に近づける　■by that name そのような名前の　■so kind as to 親切にも～する

「ほう」ジョーが答えた。
「夢を……道端で眠っている夢を、見ました」

「それから？」
「若い男性がやってきて……背が高くてたくましい……」
「それで？」
「その人ったら意地悪でした」アンは顔をしかめた。けれどすぐにほほえんだ。「でも楽しかった！」ようやくアンは目を開け、きょろきょろとあたりを眺めたかと思うと、はじかれたように起き上がった。手元の毛布をたぐり寄せる。
「おはよう！」とジョーはあいさつした。
「ボナコーヴェン先生じゃないわ！」
「誰だって？　そんな名前の人は知らないなあ」
「でも、私は今、先生と話をしていたのでは？」アンの顔はみるからに不安そうだった。
「いや、話してなんかいなかったよ」ジョーはウソをついた。
「私……けがでもしたのですか？」と言って、王女は毛布の下の体を探り、着ているパジャマを見つめた。
「いやいや、大丈夫だよ！」
「ここがどこなのか教えていただけますか？」
「この狭苦しいところは、ぼくの部屋ですよ」

Ann looked even more worried.

"Did you force me to come here?" she asked.

"No, no!" said Joe. "In fact, last night I didn't want you to come here at all."

"Then I have been here all night?"

"Yes."

"So I spent the night with you?" asked Ann.

"Well, in a way... In separate beds, of course." Now it was Joe's turn to look uneasy.

Ann looked hard at Joe. She decided to believe him, and she suddenly laughed. She held out her hand to him.

"How do you do?" said Ann. "What is your name?"

"How do you do?" said Joe, shaking her hand. "My name is Joe. Joe Bradley."

"It's very nice to meet you. You may sit down," Ann said.

"Thank you. And what is your name?" Joe asked.

"You may call me... Anya. Could you please tell me what time it is?"

"Oh, about one thirty."

"One thirty!" Ann jumped out of bed and went toward the door. "I must get dressed and go!"

■force 動 強要する　■in a way 見方によれば　■turn 名 番、順番　■uneasy 形 不安な、心配な　■look hard at ～をじっと見つめる　■hold out (腕を)伸ばす

アンの顔がますますくもった。

「力ずくで私をここへ連れてきたのですか？」

「とんでもない！」ジョーが言った。「本当のところ、ぼくは夕べ、君をここに連れてきたくはなかったんだ」

「ということは、私は一晩中ここに？」

「ああ」

「つまり、あなたと一晩過ごしたと？」

「まあ、そうなんだが……もちろん別々のベッドでだよ」今度はジョーのほうが落ち着かなくなった。

アンはジョーをじっと見つめた。この人を信じてみよう、そう心に決めると、とたんに彼女は笑い声をあげた。そして片手をジョーへ差し出した。

「はじめまして」とアンは言った。「お名前は？」

「はじめまして」ジョーは彼女の手を握りながら言った。「名前はジョー。ジョー・ブラッドリー」

「お会いできてうれしいわ。お座りになって」

「ありがとう。君の名前は？」ジョーが尋ねた。

「……アーニャと呼んでもよろしくてよ。今、何時でしょう？」

「ああ、1時半かな」

「1時半ですって！」アンはベッドから飛び降りて、ドアへ向かった。「着替えて、もう行かなくては！」

"Why do you need to hurry?" asked Joe. "There's lots of time."

"Oh, no! There isn't!" said Ann. "There's so much I have to do today!"

"Here, you can take a bath and get ready. The bathroom is just right here." Joe went into the bathroom and turned on the water for the bath. Ann walked in, still covering herself with her blanket.

"Thank you," she said. She shut the door behind her.

As soon as Ann shut the bathroom door, Joe ran downstairs to the telephone and called Irving Radovich.

Irving was photographing a beautiful model at his home when Joe called.

"Irving! It's Joe. Listen, Irv, can you come to my place in about five minutes?" said Joe.

"Joe, I'm in the middle of something right now," said Irving. He looked at the model and she blew a kiss at him. Irving smiled. "I really can't go anywhere."

"Look, Irving, I have something really important I need your help on. I can't tell you right now. There are too many people around me and I don't want them to hear," said Joe. "Please, just come. I'm writing a front-page story for the newspaper and I have to have pictures for it!"

"I'm sorry, Joe, but I'm busy. And I'm meeting Francesca at Rocca's in half an hour — "

■take a bath 風呂に入る ■turn on（栓をひねって水を）出す ■in the middle of something 取り込み中で ■blow a kiss at（人）にキスを送る ■front-page story 一面記事

「そんなに急がなくてもいいだろう」ジョーがとめた。「時間はたっぷりある」

「いいえ！ ありません！ 今日はスケジュールがいっぱいなの！」

「まあ、風呂にでも入って支度をすればいい。バスルームはここだ」ジョーはバスルームに入って、浴槽にお湯を入れた。アンは毛布を体に巻きつけたまま、バスルームにやってきた。

「ありがとう」と言うと、バスルームのドアを閉めた。

そのとたん、ジョーは電話をめざして階段を駆け下り、アーヴィング・ラドヴィッチに電話をかけた。

ジョーから電話がかかってきたとき、アーヴィングは自宅で美人モデルの写真を撮っているところだった。

「アーヴィングか！ ジョーだ。聞いてくれ、アーヴ、5分でうちまで来れないか？」とジョーは話を切り出した。

「ジョー、今ちょっと手が離せないんだよ」アーヴィングがモデルに目をやると、モデルは投げキッスを送った。アーヴィングはにやりと笑った。「どこにも行けそうにないな」

「いいか、アーヴィング、重大な用があって、お前の助けを借りたいんだ。ただ、ここでは詳しいことが言えない。まわりに人が多すぎるし、誰にも聞かれたくない」とジョーが言った。「たのむ、来てくれるだけでいいんだ。トップ記事を書こうとしているんだが、それには写真が必要なんだよ！」

「悪いな、ジョー。俺は忙しいんだ。それに30分後には、『ロッカズ』でフランチェスカと会うことになってるし——」

Just then Joe heard a scream come from his apartment. He threw down the phone and ran up the stairs.

Joe found Ann in a bath towel facing his cleaning lady.

"That woman just walked into the bathroom!" said Ann.

"Oh, she's my cleaning lady. Please excuse her," said Joe. He held the cleaning lady by the arm and walked her out of the apartment. He told her to come back later. When Joe came back into the apartment, Ann was dressed and standing on the balcony. She looked down at the city below.

"Look at all the people down there! It must be fun to live in a city like this," said Ann. "But really, I have to go now. Thank you for everything."

"Oh! You don't have to go yet!" said Joe.

"I must go. I don't have time to stay," said Ann.

"Well, I'll go with you," said Joe.

"No, thank you. I can find my way alone," said Ann. Joe walked her to the door. Suddenly, she turned to face him.

"I'm sorry," said Ann, "but may I borrow some money?"

"I remember from last night. You never carry any money, do you?" said Joe.

"No," said Ann, a little shy. "I'm afraid not."

"Sure. Here you are," said Joe. He handed her a thousand lira.

■throw down 投げ捨てる　■cleaning lady 女性の清掃作業員　■hold someone by the arm (人) の腕をつかむ　■balcony 图 バルコニー　■find one's way たどり着く　■turn to face 〜に向かって振り返る　■lira リラ《イタリアの旧通貨単位》

ちょうどそのとき、ジョーの部屋から悲鳴があがった。彼は受話器を放り投げ、階段を駆け上がった。
　そこには、バスタオルを体に巻きつけて、下働きの女性と向かい合っているアンの姿があった。
　「この女性が無断でバスルームに入ってきたんです！」アンが声をあげた。
　「ああ、彼女には掃除をお願いしてるんだ。許してやってくれ」ジョーは下働きの女性の腕をとって部屋から連れ出した。そして「あとでまた来てくれ」と言った。ジョーが部屋に戻ると、アンは服を着てバルコニーに立ち、街を見下ろしていた。
　「あそこにいる人たちを見て！　こんなところで暮らせたら楽しいでしょうね」アンがそう口にした。「でも、もう行かないと。いろいろとありがとうございました」
　「まだいいじゃないか！」
　「行かなくてはなりません。時間がないのです」
　「じゃあ、送っていくよ」ジョーはくいさがった。
　「いいえ、結構よ。一人で帰れます」ジョーはドアのところまで見送った。ふいに、彼女がジョーのほうへ向き直った。
　「ごめんなさい。少しお金を貸してくださる？」
　「夕べもそうだったな。金を持ち歩かないんだっけ？」とジョーが言った。
　「ええ」アンは少しばかり、はにかんでいた。「残念ながら」
　「わかってる。ほら、どうぞ」ジョーは1000リラを手渡した。

"I promise to pay you back. I will send it to your address," said Ann. "Thank you again, Joe Bradley. Good bye."

"Good bye," said Joe. He shut the door. Then he ran to his window to watch her come out from his building.

Ann soon came out onto the street. She stopped for a moment. She did not quite know where to go. Then she chose a direction and started walking. At first, she seemed a little afraid of the busy people and action all around her. But she soon started to enjoy herself.

When Ann started walking, Joe left his apartment. He ran out to the street. He followed behind Ann, watching her all the time.

Ann walked past shops, looking into the windows and smiling. She stopped at one shop and walked in. It was a barber's shop. Joe walked over to the shop and looked in through the window. He watched Ann as she sat down. She told the barber how short she wanted her hair.

"Like this," said Ann, pulling her long hair up to her shoulders.

"So short?" asked the Italian barber.

"Yes. Cut it all off," said Ann.

When the barber was done, Ann looked pleased. Her hair was much shorter.

■come out 姿を現す、出てくる　■at first 最初は　■all the time その間ずっと
■barber 图 理髪師　■look in 中を見る　■up to 〜に至るまで

「必ずお返しします。ここの住所に送りますから」アンが言った。「本当にありがとう、ジョー・ブラッドリーさん。さようなら」

「さようなら」ジョーはドアを閉めた。それから窓へ駆け寄って、彼女がアパートから出て行くのを見守った。

アンはすぐに通りに出た。そこで一瞬足をとめた。どっちに行けばいいのか分からないのだ。だがすぐに行き先を選んで歩き出した。はじめのうちは、せわしない人々におっかなびっくりといった様子だった。でもじきに、その雰囲気を楽しみはじめた。

アンが歩きはじめると、ジョーはアパートから通りへ走り出た。ずっと彼女を見つめながら後を追った。

アンはウィンドウをのぞきこんではほほえんで、店先を通り過ぎていった。そして、ある店の前で足をとめると、中に入っていった。そこは理髪店だった。ジョーは店に近づいて、ウィンドウ越しに中をのぞきこんだ。ジョーが見守るなか、アンは椅子に座り、どのくらいの長さにしてほしいかを理髪師に伝えた。

「このくらいに」アンはロングヘアーを肩のあたりまで持ち上げた。

「そんなに短く？」イタリア人の理髪師が尋ねた。

「ええ、ばっさり切ってちょうだい」

理髪師が髪を切り終えると、アンは満足げな顔をした。髪はかなり短くなっていた。

"You are very beautiful. This short hair looks very nice on you," said the barber.

"Thank you," said Ann. She paid him.

"Would you like to come dancing with me tonight?" asked the barber. "The dance is by the river. There will be music and moonlight. It will be very nice!"

"That sounds very nice. I wish I could, but I can't," said Ann. "Good bye!"

Ann walked out of the shop. Joe looked the other way and covered his face with his hand, hiding himself. Ann did not notice him.

"Thank you!" said Ann to the barber as she walked away.

"If you change your mind, the dance is at the river Saint Angelo. Nine o'clock. I'll be there!" the barber called after her.

Next, Ann walked into a shoe shop. She tried on a pair of shoes and bought them. Then she walked toward a man selling ice cream. Joe kept following her. She bought an ice cream and walked to the famous Spanish Steps. Joe watched her from behind a cart selling fruit.

Ann sat down on a step and ate her ice cream. She watched the people walking past her, enjoying her time in the city. Joe decided this was his chance.

■look the other way そっぽを向く ■change one's mind 気が変わる ■try on 履いてみる ■from behind ～の背後から ■enjoy one's time 楽しいひとときを過ごす

「とてもきれいだ。ショートヘアがよくお似合いだよ」と理髪師が言った。

「ありがとう」お礼を言って、アンは代金を支払った。

「今夜、踊りにこないかい?」理髪師が誘った。「川のそばでダンスパーティがあるんだ。音楽に、月明かり。楽しい夜になるはずだよ!」

「本当に楽しそう。行ければいいんだけど、だめなの」アンは言った。「さようなら!」

アンが店から出てきた。ジョーはあらぬほうを見て顔を片手で覆いながら、身を隠した。アンは彼に気づかなかった。

「ありがとう!」理髪師にあいさつして、彼女は歩きはじめた。

「気が変わったらさ、ダンスパーティはサンタンジェロ城のところだよ。9時にぼくは行ってるから!」理髪師は後ろから呼びかけた。

次にアン王女が足を向けたのは靴屋だった。一足だけためし履きして、それを買った。それからジェラート売りに近寄った。ジョーはその姿を追い続けた。彼女はジェラートを買うと、有名なスペイン階段まで歩いて行った。果物を積んだカートの陰から、ジョーは彼女をじっと見つめた。

アンは階段に座り、ジェラートを食べはじめた。通り過ぎる人々を眺め、街中で過ごす時間を楽しんでいた。今がチャンスだ、ジョーはそう思った。

Joe walked out from behind the cart. He acted as if he were just enjoying a walk in the city. As he walked past Ann, he looked down as if he were seeing her for the first time.

"Well!" said Joe, acting surprised. "It's you again!"

Ann looked up at him and smiled.

"Hello, Joe Bradley!" she said.

"Did you get your hair cut?" asked Joe. "You look so different!"

"Yes, do you like it?"

"Very much. Is that why you were in such a hurry to leave this morning? You had to get your hair cut?" asked Joe.

"No, I . . . I'm sorry, I should tell you something," said Ann.

"What is it?" asked Joe.

"I ran away from . . . from school last night," said Ann. "I only meant to leave for an hour or two. But they gave me some medicine that made me fall asleep."

"Ah, I see," said Joe.

"Anyway, I should get back to school," said Ann.

"Well, before you go back why don't you take some time for yourself?" said Joe.

■as if あたかも〜かのように　■get one's hair cut 髪を切ってもらう　■mean to 〜するつもりである　■fall asleep 眠り込む　■take some time いくらか時間を取る

カートの陰から出て、ぶらぶら散歩しているふりをした。アンの横を通り過ぎたとき、初めて気づいたような顔で彼女を見た。
「おやおや」ジョーはいかにも驚いたふうに声をかけた。「また会ったね！」
　アンは顔をあげて彼を見ると、にっこりと笑った。
「あら、ジョー・ブラッドリーさん」
「髪を切ったのかい？　見違えたね！」
「ええ。似合うかしら？」
「とても。だから今朝はあんなに急いでたのかな？　髪を切るためだったんだね？」ジョーが尋ねた。
「いいえ、私……ごめんなさい。あなたに打ち明けなくてはならないことがあって」アンが言った。
「なんだい？」
「私……ゆうべ学校から逃げ出したんです。最初は1時間か2時間くらいで戻るつもりだったのに。眠くなる注射を打たれたので……」
「なるほど」ジョーは言った。
「とにかく、学校に戻らなくちゃ」
「どうだろう、戻る前に少しは自由を味わってみてもいいんじゃないか？」

"I would really like to. Maybe for just another hour," said Ann.

"An hour? Why not take the whole day?" pushed Joe.

"I could do all the things I have always wanted to do!" said Ann.

"Like what?"

"Oh, lots of things!" said Ann. "I would like to sit at a sidewalk restaurant, and look in shop windows, and walk in the rain!"

Joe looked up at the perfectly blue sky. He doubted it would rain today.

"I want to have fun," said Ann. "I want to have a little excitement. I guess that doesn't sound like much to you, does it?"

"It sounds great! Why don't we do all those things together?" asked Joe.

"But don't you have to go to work?" asked Ann.

"Work? No! We will make today a holiday! Your first wish is to go to a sidewalk restaurant, right? I know a great one. It's called Rocca's."

■Why not 〜？〜してはどうですか？　■sidewalk 图 歩道　■sidewalk restaurant オープンテラスのレストラン　■doubt 動 〜を疑う　■have fun 楽しい時間を過ごす
■not sound like much 大したことではないように聞こえる

「そうしてみたいわ。あと1時間くらいしかないけれど」
「1時間だって？ 丸1日はとらないと」ジョーはそう促した。
「ずっとしてみたかったことが全部できたらいいのに！」アンが言った。
「たとえば？」
「そう、いろんなことです！ オープンテラスのレストランで食事したり、ウィンドウショッピングをしてみたり、雨の中を歩いてみたり！」
ジョーは真っ青な空を見上げた。雨はムリだな、と思った。
「楽しいことをしてみたいんです。ちょっとでいいからワクワクしてみたい。きっと、あなたにとってはたいしたことじゃないんでしょうね」
「いや、楽しそうだ！ 片っ端からやってみないか、2人で」

「でもお仕事は？」アンが尋ねた。
「仕事？ そんなのなし！ 今日は休日にしよう！ 最初の願いは、オープンテラスのレストランだったね？ いい店を知ってるんだ。『ロッカズ』という店だ」

Chapter 4
The Three Friends

Ann and Joe walked to Rocca's and sat at a table. Ann watched the traffic go by. Joe ordered champagne to drink. As they sat, Joe saw Irving walk into the restaurant.

"Irving!" said Joe, walking over to his friend. "I'm glad to see you! Come join us."

Irving sat down at Ann and Joe's table.

"Anya, this is my very good friend, Irving Radovich. Irving, this is Anya," said Joe.

"Anya...?" asked Irving, shaking her hand.

"Smith," said Ann.

"Well, hello Smithy," joked Irving. Ann laughed. She liked her new name.

■traffic 名 交通、人の行き来　■go by そばを通る　■champagne 名 シャンパン

第 4 章
3人の友達

　アンとジョーは歩いて「ロッカズ」にいき、テーブル席に座った。通りを行き交う人や車を眺めるアン。ジョーはシャンパンを注文した。やがて、アーヴィングがレストランに入ってくるのが見えた。
　「アーヴィング！」ジョーは声をかけ、友人の方へ歩いていった。「会えて嬉しいよ！　こっちで一緒に座ろう」
　アーヴィングはアンとジョーのテーブルについた。
　「アーニャ、ぼくの親友のアーヴィング・ラドヴィッチだ。アーヴィング、こちらはアーニャ」ジョーは紹介した。
　「アーニャ……？」アーヴィングは握手しながら聞いた。
　「スミスです」アンは答えた。
　「よろしく、スミティ」アーヴィングが冗談めかして言うと、アンは笑った。アンは新しい名前が気に入った。

Irving started to say, "Has anybody told you that you look just like — " but just then Joe kicked him under the table.

"Ow!" said Irving. Thinking that Joe wanted him gone, Irving got up to go.

"Well, I should be going," said Irving.

"Oh, don't go yet!" said Joe, sitting his friend back down. "Stay, stay, stay."

Irving was confused. He looked at Joe for answers, but Joe just smiled back.

"Well, I guess I'll just stay until Francesca gets here," said Irving.

"Yes, stay. The waiter will bring us our drinks soon," said Joe.

The waiter brought the drinks. Irving raised his glass.

"Cheers, Smithy," he said with a smile. "Gosh, if your hair were just a little bit longer, you would look just like — "

Again, Joe kicked Irving under the table. This time, he kicked so hard that Irving fell out of his chair.

"Oh!" Ann cried out in shock.

"What are you doing, Joe?" yelled Irving.

Joe rushed to his friend and helped him up.

"It looks like you hurt yourself here," said Joe, looking at Irving's neck. "Here, let me help you get fixed up."

■get up 立ち上がる　■get here 到着する　■gosh 間 おやつ　■so ~ that … 非常に~なので…　■help someone up (人)が立つのを手助けする　■fix up 治療する、回復させる

アーヴィングは「きみ、誰かにそっくりだって言われないかい——」と言いかけて、ジョーにテーブルの下で足を蹴られた。
　「いたっ！」アーヴィングは声をあげた。ジョーが自分に消えてほしがっているのかと思い、席を立った。
　「さて、ぼくはもう行かないと」とアーヴィングは言った。
　「なんだ、まだ行かないでくれよ！」ジョーはそう言って、友人をまた座らせた。「いいから、まだいてくれって」
　アーヴィングは困惑した。ジョーの顔を見て答えを探ろうとしたが、ジョーは笑みを返すだけだ。
　「じゃあ、フランチェスカがここに来るまでいるよ」とアーヴィングは言った。
　「ぜひそうしてくれ。もうすぐウェイターが飲み物を持ってくるはずだ」
　ウェイターが飲み物を運んできた。アーヴィングはグラスをかかげた。
　「乾杯、スミティ」アーヴィングは笑顔で言った。「いやぁ、きみの髪がもう少し長ければ本当にそっくりだよ、あの——」
　また、ジョーがテーブルの下で蹴った。今度は強く蹴りすぎて、アーヴィングは椅子から落ちてしまった。
　「まあ！」アンはびっくりして叫んだ。
　「何するんだよ、ジョー」アーヴィングはわめいた。
　ジョーは友人に駆け寄り、立ち上がらせた。
　「怪我をしてしまったみたいだな」ジョーはアーヴィングの首を見ながら言った。「手当てをしよう」

Joe held his friend firmly by the neck and led him away from the table. When they were far from Ann, Joe let go of Irving.

"What is going on?" asked Irving. He was angry and ready for some answers.

"Ok, Irving. What would you do for five thousand dollars?" Joe asked. Irving suddenly got quiet and serious.

"Five thousand dollars?" Irving asked.

"Yes. She doesn't know that I'm a news reporter. This is the biggest story I've ever done, Irving! And I need pictures!" said Joe. Irving's eyes grew big.

"You mean that girl really is Princess Ann?" asked Irving.

"Yes. And if you work with me today, I'll give you twenty-five percent of the money," said Joe.

"It's a deal!" said Irving. The two men shook hands.

"Ok, now do you have your secret camera?" asked Joe.

"Of course I do," said Irving. He took a cigarette lighter out of his pocket. The lighter had a hidden camera in it.

"Well then, let's get to work!" said Joe. The two walked back to the table.

"Is your neck better now?" asked Ann.

■firmly 副 しっかりと　■lead ～ away ～を連れていく　■let go of ～から手を放す
■ready for ～に期待する　■It's a deal! それで決まりだ！　■lighter 名 ライター
■hidden 形 隠された

80　Chapter 4 The Three Friends

ジョーは友人の首をがっしりつかみ、テーブルから引き離した。アンからじゅうぶんに離れると、ジョーはアーヴィングを放した。
「いったいどうなってるんだ？」アーヴィングは怒って問い詰めた。
「いいか、アーヴィング。5000ドル手に入るとしたらどうする？」ジョーは聞いた。アーヴィングはとたんに静かになり、真剣な顔になった。
「5000ドルだって？」
「ああ。彼女はぼくが新聞記者とは知らない。これはぼくの記者人生最大の特ダネだよ、アーヴィング！　それには写真がないと！」ジョーは言った。アーヴィングは目を丸くした。
「ということは、あの娘は本当にアン王女なのか？」
「そうだ。今日、ぼくの仕事を手伝ってくれたら、報酬の25パーセントを払う」
「それで決まりだ！」アーヴィングとジョーは握手を交わした。
「で、今日はあの隠しカメラをもってるのか？」
「もちろん」アーヴィングは言って、ポケットから煙草のライターを取りだした。その中に、カメラが隠されているのだ。
「よし、さっそく仕事にかかろう！」ジョーは言った。2人はテーブルに戻った。
「首はもうよろしいんですか？」アンが聞いた。

"Yes, Joe helped me. I'm just fine," said Irving. Once everyone was sitting again, Irving took out his cigarettes from his pocket.

"Would you like a cigarette?" Irving asked Ann.

"Yes, thank you," said Ann. She took one and Irving lit it for her with his cigarette-lighter camera. He also took her picture without her noticing.

"I've never had a cigarette before!" said Ann.

"So, what shall we do today?" asked Joe. "Shall we make a list of things to do?"

"Oh, no! No lists, please," said Ann. "Let's just go and see what happens."

The three friends agreed and got up to leave. Just then, Francesca entered Rocca's, looking for Irving.

"Oh, I'm sorry, honey," Irving said in a hurry. "I have to work now. I'll see you later!"

Irving left the restaurant with Ann and Joe.

At the same time, the general, the countess, and the ambassador were across town at the airport. Many men in dark suits and hats were getting off of a special airplane. The ambassador looked very worried.

"I hope these men get the job done with as little trouble as possible," the ambassador said.

"They will find the princess," said the general. "Don't worry."

■lit 動 light（〜に火を付ける）の過去形　■take one's picture 〜の写真を取る　■get off 〜から降りる　■get the job done 成し遂げる

「ああ、ジョーが見てくれたから。何ともない」アーヴィングは答えた。また全員が腰をおろすと、アーヴィングは煙草をポケットから出した。
「きみも吸うかい？」アーヴィングはアンに聞いた。
「ええ、いただくわ」アンは煙草を1本取った。アーヴィングはカメラ付きのライターで火をつけてやり、気づかれずに彼女の写真を撮った。

「煙草を吸うなんて生まれて初めて！」アンは言った。
「さて、今日は何をしよう？」ジョーが聞いた。「予定表でも作ろうか？」
「だめよ！ 予定表だけはやめましょう」アンは言った。「とにかく外に出てみましょうよ」
3人の友達はそうすることに決め、立ち上がった。ちょうどそのとき、フランチェスカが「ロッカズ」に入ってきてアーヴィングの姿を探した。
「ごめん、ハニー」アーヴィングはあわてて声をかけた。「これから仕事なんだ。あとで会おう！」
アーヴィングはアンとジョーと一緒にレストランを出た。
同じころ、将軍、伯爵夫人、大使は、街の向こうの空港にいた。飛行機から、黒いスーツに黒い帽子の男たちが大勢降りてくる。大使はひどく不安そうにしている。

「彼らが無事に任務を遂げてくれればいいのですが」大使は言った。

「必ずや王女を見つけ出します」将軍は言った。「ご心配なく」

第4章　3人の友達

覚えておきたい英語表現 2

"And he was so mean to me," said Ann, making a face. （p.60, 7行目）
「その男は、とても嫌な人で」とアンは顔をしかめながら言った。

【解説】make a faceは、「表情を作る」とか、「お化粧する」という意味ではなく、「嫌な顔をする、顔をしかめる」という意味です。

【例文】　① She made a face like she'd eaten a lemon.
　　　　　　　彼女は、レモンを口に入れたときのように顔をしかめた。

　　　　② The child was making faces, and I wanted to laugh.
　　　　　　　その子はむずかっていたので、笑わせてあげたかった。

"Yes. Cut it all off," said Ann. （p.68, 下から3行目）
「全部（ばっさり）、切り落としていいわ」とアンが言った。

【解説】cut offは、「切り落とす、切り離す」という意味です。関連して、cut inは「割り込む」とか「話をさえぎる」という意味になります。ついでにcut it outも覚えておきましょう。「やめて」という意味の熟語で、会話によく出てきます。You both just cut it out for one second!（ちょっとでいいからとにかく2人ともやめてくれ！）といった具合に。

【例文】　Many villages were cut off by the snow.
　　　　　　　たくさんの村が雪で分断された。

覚えておきたい英語表現 2

> "Has anybody told you that you look just like――" (p.78, 1行目)
> 「あなたが――にそっくりだと誰か言わなかったかい？」

【解説】ハイフンの後にはPrincess Annが入るはずですね。you look like ～だと、「～に見える、似ている」ですが、justが入ると、「そっくり、瓜二つ」という意味になります。

【例文】　You look just like your father.
　　　　　あなたはお父さんにそっくりですね。

> This time, he kicked so hard that Irving fell out of his chair.
> (p.78, 下から7行目)
> こんどは、とても強く蹴ったので、アーヴィングは椅子から転げ落ちた。

【解説】いわゆるso ～ that構文ですね。アメリカ英語では、このthatが省かれることが多いですが、「非常に～なので…する」という意味です。

【例文】　① He was so tired that he couldn't walk.
　　　　　　彼はとても疲れていたので、歩けなかった。

　　　　　② Those ponds are so small they can't be shown in your maps.
　　　　　　そこの池は小さすぎて、地図には描き表わせません。

コラム

オードリー・ヘプバーンとアンネ・フランク

　『ローマの休日』は、ほとんど無名だったオードリー・ヘプバーンにとっての出世作。彼女の母は爵位を持つオランダ人で、イギリス人の父親と離婚したあと祖国に戻り、文字通り女手一つでオードリーを育てました。

　『ローマの休日』での王女を演じたオードリーの気品は、そんな母親からの遺伝子だったのかもしれません。

　オランダは第二次世界大戦中、ドイツに占領されていました。

　彼女を含め、彼女の一族はドイツへの抵抗運動に加わっていました。叔父や従兄弟がオードリーの目の前で銃殺されるなど、激動の時代を身をもって体験します。彼女自身、戦時下の激烈な環境の中で体をこわし、アムステルダムの病院で生死をさまよったこともありました。

　戦後同じアムステルダムにナチスドイツの目を逃れて潜伏していたアンネ・フランクとは、年齢が同じでした。戦後、『アンネの日記』が発表されたとき、オードリーは戦時下の自らの厳しい体験とアンネの過酷な運命とを重ね合わせ、心を痛めていたといわれています。

　オランダは、1944年に連合軍が反撃を開始したとき激戦地となりました。彼女は、その病院で傷ついた兵士の看護にあたります。その兵士の一人が『007』の監督で知られるテレンス・ヤング。そして彼の監督する『暗くなるまで待って』*Wait Until Dark*で主演女優を演じたのはオードリー・ヘプバーンでした。戦中戦後の点と線が繋がった一瞬です。

　戦争はいうまでもなくオードリーの心に深い影響を与えました。当時のことを思い出すことを時には拒んでいるかのように、戦争映画の出演に難色を示したこともあったようです。しかし、晩年にユネスコの活動に共鳴し、内線に苦しむアフリカを訪ねていた彼女の心には、若い頃の記憶が蘇っていたのではないでしょうか。

Part III
Chapter 5 – Chapter 6

CHAPTER 5
Seeing Rome 88
ローマ見物

CHAPTER 6
The Dance at the River 100
船上のダンス

Chapter 5
Seeing Rome

Across town, near the Coliseum, Joe drove his scooter. Ann rode on the back. Irving followed in his open-topped car. Ann smiled as she looked at the sights. They stopped to go inside the Coliseum for a tour. After that, the three were back on the road. While Joe and Ann rode the scooter, Irving took pictures of Ann. He almost lost control of his car several times.

At a busy intersection, a policeman stopped Joe and Ann. Joe got off of the scooter to talk to the policeman. As he did so, Ann put her hands on the handlebars just to see how it felt. She pressed the wrong thing, and all of a sudden, the scooter was moving!

Ann cried out in shock.

"Oh no!" cried Joe. He excused himself from the policeman and ran after Ann. Irving started taking many pictures.

■Coliseum 名 コロッセオ《古代ローマの円形闘技場》　■ride on the back 後ろに乗る
■open-topped car オープンカー　■lose control of ～のコントロールを失う
■intersection 名 交差点　■excuse oneself from （一言断りを言って）～から中座する

第5章
ローマ見物

　ジョーはスクーターの後ろにアンをのせ、コロッセオの周辺を走り回った。その後ろをアーヴィングがオープンカーで追う。アンはあちこちの名所を見てはほほえんだ。3人はコロッセオに立ち寄って中を見学した。そしてまたドライブへ。アーヴィングは、ジョーとスクーターに乗っているアンの姿をカメラに収めた。途中、何度か車のコントロールを失いそうになった。

　車の多い交差点で、ジョーとアンは警官に止められた。ジョーは警官と話すためスクーターから降りた。そのすきに、アンはどんな感じか知りたくてハンドルに手を置いてみた。触ってはいけないところを押したのか、突然スクーターが走りだしてしまった！

　アンはおどろいて悲鳴をあげた。

　「たいへんだ！」ジョーは警官に失礼すると言って、アンを走って追いかけた。アーヴィングはしきりにシャッターを押しはじめた。

Ann drove the scooter onto the sidewalk and through a crowd of people. Joe ran after her, yelling at her to stop. But Ann was not afraid anymore. In fact, she was now laughing and enjoying herself!

Joe caught up to the scooter and jumped on.

"Let me take the controls," he said.

"No, I can do this!" Ann said, laughing. All Joe could do was laugh with her.

Ann drove the scooter this way and that. She turned a corner and almost crashed into a car. But Ann kept driving, causing traffic and people to get out of her way. She laughed the whole time. The police began to chase Ann and Joe. Some ran after them, some followed in cars. Ann kept driving for as long as she could, but the police finally caught up to the scooter. Irving caught up to them as well.

The next thing they knew, Joe, Ann, and Irving were at the police station, facing a judge. The judge asked questions in Italian and Joe answered. Joe put his arm around Ann, and the judge smiled. The judge let the three go. As they walked out, Joe and Ann held hands. The people at the police station all smiled and waved at Joe and Ann as they left. Irving laughed the whole way.

■a crowd of ～の一団　■catch up ～に追い付く　■take the controls (運転の) 主導権を握る　■this way and that あちこちへ　■crash into ～と衝突する　■get out of one's way (人) に道を空ける　■as long as ～する限り　■the whole way 全行程、ずっと

アンが乗ったスクーターは歩道に乗りあげ、人混みのあいだをすり抜けていく。ジョーは追いかけながら、止まれと叫んだ。でもアンはもう怖くなかった。それどころか、笑い声をあげて楽しんでいる。
　ジョーはスクーターに追いついて飛び乗った。
「ぼくに運転させてくれ」
「いやよ、私にできるわ！」アンは笑いながら言った。ジョーも笑うしかなかった。
　アンはスクーターをジグザグに走らせた。角を曲がって自動車とぶつかりそうになった。それでもアンは走り続け、道路では車が立ち往生し、歩行者はスクーターから飛びのいた。アンはずっと笑いっぱなしだった。やがて警察が追いかけてきた。走ってくる警官もいれば、パトカーで追ってくる警官もいる。アンは必死に逃げ回ったが、ついに追いつかれてしまった。アーヴィングも一緒に捕まった。
　気づいたときには、ジョー、アン、アーヴィングは警察署で判事の前に立たされていた。判事はイタリア語で質問し、ジョーがそれに答えた。ジョーがアンに腕を回すと、判事はほほえんだ。そして3人は釈放された。手をつないで外へ出ていくジョーとアンに、警察署の人々はみんな笑顔で手を振った。アーヴィングはずっと大笑いしていた。

"Joe! You're such a good liar," Irving said. "You and Ann were going to church on a scooter to get married? That's a good one!"

Irving could not stop laughing.

"I was a good liar too, wasn't I?" said Ann.

"The best I ever met," said Joe. "Hey, I have an idea. Come on, I want to show you something."

They walked to a dark stone building. On one wall was a large face carved into the stone. The face had a dark hole for a mouth.

"This is the Mouth of Truth," Joe told Ann. "People say that if you're a liar and you put your hand in here, your hand will get bitten off."

"Oh, that's terrible!" said Ann.

"Let's see you do it," said Joe. Ann looked worried, but she put out her hand slowly. Irving took more pictures with his hidden camera as the princess's hand got closer and closer to the stone mouth. At the last minute, Ann dropped her hand. She was too afraid to go further.

"Let's see you do it," she said to Joe.

"Fine," said Joe. He raised his hand slowly to the stone mouth. Then, shaking a little bit, he put his hand into the hole. At first, he put in just his fingers, then he put in his whole hand. Ann watched, standing still with fear.

■carved into ～に彫刻されている　■get bitten off 噛み切られる　■put out one's hand 手を差し出す　■get closer 接近する　■at the last minute 土壇場で　■stand still じっと立っている

「ジョー、おまえは本当にウソがうまい！」アーヴィングは言った。「ぼくとアンは結婚するためにスクーターで教会へ行くところでした、だって？ 傑作だよ！」

アーヴィングは笑いが止まらない。

「わたしもウソが上手だったでしょ？」アンが言った。

「最高だったよ」ジョーは言った。「そうだ、思いついた。きみに見せたいものがあるんだ」

3人は薄暗い石造りの建物に歩いていった。一方の石壁に、大きな顔の彫刻があった。口の部分が暗い穴になっている。

「これは『真実の口』だ」ジョーはアンに教えた。「言い伝えによると、ウソをついている人がこの口に手を入れると、嚙み切られてしまうらしい」

「まあ、恐ろしい！」アンは言った。

「やってみてごらん」とジョーは言った。アンは不安そうな顔をしたが、おそるおそる手を出した。アーヴィングは隠しカメラで、アンの手がゆっくり石の口に近づいていく様子を撮った。ぎりぎりのところで、アンは手をおろした。怖くてそれ以上できなかったのだ。

「あなたがやってみせて」アンはジョーに言った。

「いいとも」ジョーは言った。石の口の高さまでゆっくり手を上げる。そしてかすかに震える手を穴に差し込んだ。はじめは指先だけ、つづいて手首まですっかり穴に入れた。アンは怖さで立ちつくしたまま見つめている。

All of a sudden, Joe gave a loud cry. He pulled at his hand, as if the mouth had it and wouldn't let go. Ann screamed and pulled him from behind. Joe finally got his arm out of the hole, but his hand was gone!

Ann screamed and covered her face with her hands. Smiling, Joe took his hand out of his coat sleeve. He had only been hiding it!

Ann gave a cry and rushed toward Joe. She began laughing and beating his chest.

"You liar! Oh, you're terrible! You never hurt your hand!" she said.

"I was only joking," said Joe, laughing. "I'm sorry. Are you ok?"

"Yes," said Ann, calming down.

Irving took photographs of the whole event.

"Come on," said Joe. "I have another place I want to take you."

The three drove in Irving's car and arrived on a quiet street. They got out of the car and walked to a wall that lined the street. The wall was covered from top to bottom with little hand-painted signs. An old woman was on her knees, praying in front of the wall. When she finished, she crossed herself and got up to go.

Ann walked up to the wall.

"What are all these little signs? What does the writing say?" she asked.

■take ~ out of ~を…から出す　■give a cry あっと叫ぶ　■calm down （気分が）静まる　■from top to bottom 最上部から最下部まで　■hand-painted 形 手描きの　■cross oneself 胸の前で十字を切る

するといきなりジョーが叫んだ。石の口に嚙みつかれたかのように、手を穴から引きぬこうとする。アンは悲鳴をあげ、ジョーを背中から引っぱった。ついにジョーの腕は外れたが、手首から先がなくなっている！
　アンはまた悲鳴をあげ、両手で顔を覆った。ジョーは笑いながら、上着のそでから手を出した。手は隠していただけだった。
　アンは声をあげてジョーに駆け寄った。笑いながら、ジョーの胸を叩く。
「ウソつきね！　ほんとにひどいわ！　手を嚙まれてなんかないじゃないの！」
「ちょっとふざけただけだよ」ジョーは笑って言った。「ごめん。平気かい？」
「ええ」アンはやっと落ち着いてきた。
　アーヴィングはこの一部始終を写真に撮った。
「さあ行こう」ジョーは言った。「もうひとつ連れていきたいところがあるんだ」
　3人はアーヴィングの車に乗り、静かな通りに入った。車を降り、通りの壁に向かって歩いた。壁には一面に手描きの札がかけられていた。年老いた女性が一人、壁の前でひざまずいてお祈りをしていた。お祈りがすむと、女性は十字を切って立ち上がった。
　アンは壁に近づいた。
「この小さなお札は何かしら？　何が書いてあるのかしら？」

"Well, each one is about a wish that came true," said Joe. "It all started during the war. One day, airplanes dropped bombs right here, and a man and his children were caught on the street. They ran over to this wall for safety. Bombs fell very close but no one was hurt. Later on, the man came back and put up the first of these little signs. Since then, the wall has become sort of a holy place. People come, and whenever their wishes come true, they put up a little sign."

"What a lovely story," said Ann.

"Read some of these," said Joe. "And make your own wish."

Ann lowered her head to make a wish. Irving acted like he was lighting another cigarette to take more pictures.

"What did you wish for?" asked Joe.

"I can't tell you, but the chances of my wish coming true are very small," said Ann with a little sadness.

"Well, what shall we do next?" asked Joe.

"I heard about a wonderful place for dancing on a boat," said Ann. Her voice was full of hope.

"Oh, you must mean the boats down on the river Saint Angelo," said Joe.

"Yes! That's it! Can we go?"

■wish that came true 叶った願い　■bomb 图 爆弾　■holy place 聖地　■put up 掲げる　■make a wish 願い事をする　■chance 图 可能性、見込み

「札はそれぞれ、願いが叶ったことを表しているんだ」ジョーは言った。「はじまりは戦争中のことだ。この通りで父親と子どもたちが空襲に遭い、この壁に寄り添って身を守った。爆弾はすぐそばに落ちたが、親子は無傷だった。後になって、父親がここに最初の札をかかげた。以来、この壁はとても神聖な場所になった。人々はここを訪れ、願いが叶えばまた訪れて、小さな札を掲げるようになったんだ」

「とても素晴らしいお話ね」
「いくつか読んでごらん」ジョーは言った。「そして自分の願い事をするんだ」
アンは頭を下げて願い事をした。アーヴィングは煙草に火をつけるふりをしてまた写真を撮った。
「どんな願い事をしたんだい?」ジョーは聞いた。
「それは言えないけど、私の願いが叶う見込みなんてほとんどないわ」アンはちょっと悲しそうに言った。
「じゃあ、つぎは何をしようか?」ジョーは聞いた。
「船の上で踊れるとても素敵なところがあるらしいの」アンは期待たっぷりに言った。
「ああ、サンタンジェロ城の真下の川に浮かぶ船のことだな」ジョーは言った。
「そう! それだわ! 行けるかしら?」

"Hey, why not?" said Irving.

"Anything you wish," said Joe. "And, um, I think Irving has to go now."

"I do?" asked Irving.

"Yes, you know, for that big business meeting tomorrow you have to get ready for," said Joe.

"Oh, right," said Irving, acting like he just remembered something important. "The big business meeting. Well, see you later, Smithy."

"Good luck on your business meeting," said Ann.

As Irving turned to go, Ann and Joe walked back toward the street. They saw a horse-drawn carriage. Joe asked Ann if she would like to ride in the carriage to the dance. She said yes and they got in.

■horse-drawn carriage 馬車

「もちろんさ」アーヴィングは言った。
「きみが望むなら何でも」ジョーは言う。「で、アーヴィング。おまえはもう行かないといけないんだったな」
「そうだっけ？」アーヴィングは聞いた。
「そうだよ、ほら、明日大事な会議があるから準備するって言ってただろ」
「おっと、そうだ」アーヴィングは大切なことを思い出したふりをした。「大事な会議があるんだった。じゃあ、また会おう、スミティ」

「大事な会議、うまくいくといいですね」アンは言った。
アーヴィングが行ってしまうと、アンとジョーは来た道を引き返した。馬車が1台走っている。馬車でダンスに行くかいとジョーが尋ねた。アンはうなずき、2人は馬車に乗り込んだ。

Chapter 6
The Dance at the River

At the river, Joe paid for Ann as she watched the nighttime scene around her. There was lively music, lights, and many people dancing on a boat. They walked onto the dance floor and started to dance.

Two men in black suits and hats stood to the side and watched the people dance. Suddenly, one of the men noticed Joe and Ann dancing. He stood on his toes to get a better look. The other man also noticed them. He said something to his partner, and then he ran down the steps, away from the dancers.

Ann and Joe continued to dance. The next song was slower, and they danced a little closer. Ann rested her head on Joe's shoulder. She smiled, her eyes closed.

When the song finished, the dancers clapped. Joe and Ann walked off the dance floor and sat down at a table.

■nighttime scene 夜景　■stand on one's toes つま先で立つ　■get a better look よりよく見る　■rest one's head on 〜の上に頭を預ける　■clap 動 拍手する　■walk off 立ち去る

第6章
船上のダンス

　川岸に着き、ジョーは2人分の入場券を買った。アンはまわりの夜景に見とれていた。船の上では、陽気な音楽が流れて灯りがきらめき、たくさんの客がダンスを楽しんでいる。2人もダンスフロアへ出て踊りはじめた。
　その端で、黒いスーツと帽子の男2人が客に目を光らせていた。やがて片方の男が、踊っているジョーとアンに気づいた。男はもっとよく見ようと背伸びをした。もう1人の男もジョーたちに気づき、相棒に耳打ちすると、その場を離れて船のタラップを駆けおりた。
　アンとジョーはダンスをつづけている。さっきよりスローな音楽にかわり、2人は寄り添うように踊った。アンはジョーの肩に頭をのせ、瞳を閉じてほほえんだ。
　演奏が終わり、客たちは拍手をした。ジョーとアンはダンスフロアを離れ、テーブルに座った。

"Joe Bradley," said Ann, "if you don't mind my saying, I think you are wonderful."

"Oh," said Joe, smiling, "thank you very much."

"You spent all day doing all the things I wanted to do," said Ann. "Why?"

Joe looked uneasy.

"Um, well, it seemed like the right thing to do," he said.

"That is so kind of you. I have never met anybody so kind," Ann said.

Joe looked down, trying to hide how bad he felt about lying to Ann.

"It was no trouble," said Joe.

"You are completely unselfish," said Ann.

"Let's go have a drink at the bar," said Joe, changing the subject. Joe took her hand and they walked over.

At the bar, a man stopped Ann. It was the barber who cut her hair that afternoon.

"Ah! You decided to come!" said the barber. "I looked for you for a long time. I thought maybe you didn't come."

Ann laughed.

■if you don't mind my saying 言って差し支えなければ　■It was no trouble. 大したことではないよ。　■unselfish 形 利己的でない　■change the subject 話題を変える

「ジョー・ブラッドリーさん」アンは言った。「こんなことを言ってもいいのかしら。あなたって本当に素晴らしい方ね」
「えっ」ジョーはほほえんだ。「それはどうもありがとう」
「だって、わたしがずっとしたかったことをするのに、一日中付き合ってくださったでしょ。どうして？」
ジョーは決まり悪そうな顔をした。
「まあ、なんというか、そうするべきだと思ったんだ」
「とても優しいのね。こんなに優しい方はほかに知らないわ」

ジョーはうつむき、アンにウソをついて悪いと思う気持ちを隠そうとした。
「大したことではないよ」
「いつだって自分より相手を思いやる方だわ」
「バーで何か飲もう」ジョーは話題を変え、アンの手をとって歩き出した。
バーにいくと、男がアンに声をかけてきた。午後に彼女の髪を切った理髪師だ。
「よかった、来てくださったんですね！」理髪師は言った。「ずいぶん前から探していたんです。もう来ないかも、と思っていました」
アンが笑っている。

"Your hair — all gone!" said the barber.

"It's nice, isn't it?" said Ann.

"Very nice," said the barber.

Ann introduced Joe.

"This is Mr. Bradley," she told the barber.

"I am Mario Delani," said the barber.

"It's nice to meet you," said Joe. "Are you two old friends?"

"He cut my hair today," said Ann. "He invited me here tonight."

The band started playing again, and Mario asked Ann to dance. Ann took his hand and they went out onto the dance floor. Joe watched them dance for a moment, then took out a notebook to quickly write something down. Just then, Irving came on the boat and found Joe. He had his real camera with him this time.

"Did I miss anything?" Irving asked.

"No, friend, you are just in time," said Joe. He pointed at Ann dancing with Mario, and Irving smiled.

"Who is she dancing with?" Irving asked.

"A barber. He cut her hair this afternoon and made a date for tonight."

Ann and Mario kept dancing, having a great time.

■introduce 動 紹介する　■write down 書き留める　■miss 動 逃す　■just in time ちょうど間に合って　■make a date 人と会う約束をする

「あなたの髪——ばっさりなくなって！」理髪師は言った。
「似合うでしょう？」
「とても素敵です」
アンはジョーを紹介した。
「こちらはブラッドリーさん」と理髪師に言う。
「わたしはマリオ・デラーニです」と理髪師は言った。
「どうぞよろしく」ジョーは言った。「古いご友人ですか？」
「今日、わたしの髪を切ってくれた方よ。そのとき、今夜ここに誘ってくださったの」

　楽団がふたたび演奏をはじめ、マリオはアンをダンスに誘った。アンはマリオの手をとり、ダンスフロアに向かった。ジョーはしばらく2人のダンスを見ていたが、やがて手帳を取り出して素早く何かを書きこんだ。ちょうどそのとき、アーヴィングが船にやってきて、ジョーの姿を見つけた。今度はちゃんとしたカメラを提げている。

「なにか撮り逃したかな？」アーヴィングは聞いた。
「いや、大丈夫。間に合ったよ」ジョーがマリオと踊るアンを指すと、アーヴィングはにやりとした。
「ダンスの相手は誰なんだ？」
「理髪師だ。午後に彼女の髪を切ったとき、今夜会う約束をしたらしい」
　アンとマリオは楽しそうにダンスをつづけている。

"'The Princess and the Barber,'" Irving joked. He put his camera on the table and Joe stood in front of it, hiding it from view. Irving watched Ann and waited. Then, at the right moment, he gestured to Joe. Joe jumped out of the way, and the camera flashed. Joe jumped back in front of the camera and took a drink from his glass, acting as if nothing happened. Irving did the same, but he got the picture he wanted.

Ann looked over at Joe. Seeing Irving too, she smiled and waved. Irving raised his glass to her.

At this time, Secret Service men came in several cars and gathered outside. Some walked over to the tables on either side of the dance floor. The song ended, and the dancers cheered for the musicians.

"Thank you for the dance," Mario said to Ann.

One of the Secret Service men walked over to them. He told Mario something in Italian, and suddenly Mario looked afraid. He smiled at Ann, said goodbye, then walked away. The Secret Service man began to dance with Ann.

"Your Highness, you will dance quietly toward the door," the Secret Service man said into Ann's ear.

■gesture 動 身ぶりをする　■flash 動 ピカッと光る　■look over at ～の方を見る
■raise 動 上げる　■on either side of ～の両側に　■cheer 動 喝采を送る

「王女と理髪師、か」アーヴィングはからかい気味に言う。そしてカメラをテーブルに置き、ジョーが隠すように前に立った。アーヴィングはアンを目で追いながらシャッターチャンスを待った。やがて、絶好のタイミングでジョーに合図を送った。ジョーが飛びいた瞬間、フラッシュが瞬く。ジョーはすぐさまカメラの前に戻り、酒の入ったグラスを手に何事もなかったようにふるまった。アーヴィングも素知らぬふりをしていたが、狙った写真はしっかり撮れた。
　アンがジョーの方を振り向いた。アーヴィングにも気づき、にっこり笑って手を振る。アーヴィングはグラスをかかげて応えた。
　同じころ、秘密諜報員たちが数台の車で船の外に乗り付けた。何人かが、ダンスフロアの両端のテーブルに向かって歩いていく。曲が終わり、客は楽団に喝采を送った。

「踊ってくれてありがとう」マリオはアンに言った。
　諜報員の1人がマリオたちに近づいてきた。マリオはその男にイタリア語で何か言われると、ふいにおびえたような顔になった。そしてアンに笑顔でさようならを言い、立ち去った。諜報員の男はアンと踊りはじめた。

「殿下、このまま静かに踊りながら出口まで行きましょう」と男はアンの耳にささやいた。

"No," she said, and she tried hard to pull away.

"Princess, please," said the Secret Service man. He pulled her to the side of the dance floor.

"You made a mistake," Ann said in Italian. She acted like she didn't speak English. "Please, let me go!"

When the Secret Service man did not let her go, Ann began to yell.

"Let me go!" she cried. "Mr. Bradley!"

Joe looked up from his drink, looking for her in the crowd of dancers.

"Mr. Bradley!" she cried out again.

Joe and Irving saw Ann at the same time. She was still trying to pull away from the Secret Service man. Another Secret Service man came to her side and the two tried to pull her off of the boat toward the steps. Joe and Irving rushed to her side.

Joe hit one of the Secret Service men in the face and he pushed the other one away. Joe took Ann's arm and was pulling her away when another Secret Service man ran to stop them. Joe hit him in the face too, and Irving fought with another Secret Service man.

■pull away 引き離す　■make a mistake 誤りをする　■look up from 〜から顔を上げる

「いやです」アンは逃れようとした。
「王女さま、お願いです」男はそう言って、アンをダンスフロアの端へ引っ張っていく。
「人違いです」アンはイタリア語で言い、英語が話せないふりをした。「お願い、離して！」
男が手を緩めずにいると、アンは叫びだした。

「離して！」アンは大声を出した。「ブラッドリーさん！」
ジョーはグラスから顔を上げ、ダンスフロアの人混みにアンの姿を探した。
「ブラッドリーさん！」アンはもう一度叫んだ。
ジョーとアーヴィングは同時にアンを見つけた。まだ男から逃れようともがいている。そこへ諜報員がもう1人やってきて、アンを2人がかりで船から連れ出そうとタラップへ向かう。ジョーとアーヴィングは急いで駆け寄った。
ジョーは1人の男の顔を殴り、もう1人を押しのけた。アンの腕をつかんで男たちから引き離すと、また別の諜報員が止めに入ってきた。ジョーはその男の顔も殴り、アーヴィングもほかの諜報員と殴り合った。

Joe and Ann ran to the other side of the dance floor, where dancers were standing and watching the action. Joe saw more Secret Service men coming from that side, so he ran back the other way with Ann. But he met another group of Secret Service men. Having no other choice, Joe pushed Ann to the side and threw one of the men over the side of the boat. He fell into the water. Ann threw a lifejacket down to him. The crowd of dancers cheered.

Irving fought with another Secret Service man. He pulled Irving's beard, so Irving hit him hard in the face. Mario Delani watched the fight. He decided to join in to help Joe and Irving.

The leader of the band gestured for the band to start playing again. Lively music joined the fighting on the dance floor.

While Joe, Irving, and Mario fought the Secret Service men, two of the men caught Ann and began to pull her away. Joe ran after her, and Irving followed with his camera. Joe pushed one of the men to the ground. The other man let go of Ann to hit Joe. Ann ran away and picked up a guitar lying near the band. She stood behind the Secret Service man on a chair. The drummer of the band played a drum roll as she lifted the guitar over her head. She brought it down hard on the Secret Service man's head. The man stood still for a moment, shocked.

■have no other choice 他に選択の道がない　■lifejacket 图 救命胴衣　■beard 图 顎ひげ　■hit someone in the face（人）の顔面を殴る　■push someone to the ground（人）を地面に押し倒す　■bring down 降ろす

ジョーとアンはダンスフロアの反対側に逃げた。客たちが乱闘を眺め、立ちつくしている。諜報員がさらに向かってくるのが見え、ジョーはまた反対側にアンを連れて走った。しかしこちらからも諜報員たちがやってくる。ほかにどうしようもなく、ジョーはアンをわきに押しやり、諜報員の1人を船の外へ放り投げた。アンは川に落ちた男に救命具を投げてやった。客たちは歓声をあげた。

　アーヴィングはまた別の諜報員とやり合っている。ひげを引っぱられたので、相手の顔を思いきり殴った。けんかを見ていたマリオも、ジョーとアーヴィングの助けに加わった。
　楽団の指揮者は、メンバーに演奏を再開するように合図した。にぎやかな音楽がダンスフロアのけんかを盛り立てる。
　ジョー、アーヴィング、マリオが諜報員たちと殴り合っているあいだに、アンは2人の男に捕まり、連れ去られそうになった。ジョーはアンを追いかけ、アーヴィングもカメラを持って後を追う。ジョーは男の1人を地面に叩きのめした。もう1人がジョーを殴ろうとしてアンから手を離したすきに、アンは逃げ出して楽団のそばに置いてあるギターを拾った。そして諜報員の背後で椅子の上に立ちあがった。楽団のドラマーは、アンがギターを頭上高くかかげるのに合わせてドラムロールを鳴らす。アンは男の頭に思いっきりギターを振り下ろした。衝撃のあまり、男は一瞬固まった。

Irving tried to get his camera ready and said to Ann, "Hit him again, Smithy!" The drummer played another drum roll and Ann brought the guitar over the man's head again. This time, the camera flashed and Irving took her picture.

People started to hear the sound of police cars. Soon policemen were on the dance floor. As they stopped the fight, Joe, Ann, and Irving left the boat.

As the three walked toward Irving's car, they saw more police coming toward them.

"Police!" said Joe to Irving. "We'll go across the bridge, but you keep going this way."

Joe and Ann ran across a bridge while Irving walked up to the police. He talked to them, trying to take up all their attention. But two policemen saw Joe and Ann and ran after them.

As Joe and Ann walked along the other side of the river, a Secret Service man followed them. He surprised them from behind. He hit Joe in the face, and Joe fell into the river. Ann jumped into the river after him, just as the Secret Service man tried to catch her. Then, the two policemen who ran after them across the bridge arrested the Secret Service man.

Back at the dance, the police were arresting all the Secret Service men. They led one man away who still had his head through a guitar.

■run across 〜を走って渡る ■take up (人の注意を)引く ■arrest 動 逮捕する

アーヴィングはどうにかカメラを構えながらアンに言う。「もう1発やってやれ、スミティ！」ふたたびドラマーがドラムロールを鳴らし、アンはギターを振り下ろした。その瞬間フラッシュが光り、アーヴィングは撮影に成功した。

　パトカーのサイレンが聞こえてきた。まもなく警官たちがダンスフロアに上がってきた。彼らがけんかを治めているすきに、ジョー、アン、アーヴィングは船から脱け出した。

　3人がアーヴィングの車まで歩いていると、向こうからさらに警官隊がやってきた。

　「警察だ！」ジョーはアーヴィングに言った。「ぼくらは橋の向こうに渡る。おまえはまっすぐ行ってくれ」

　ジョーとアンが走って橋を渡るあいだ、アーヴィングは警官隊に向かって歩いた。話しかけて時間稼ぎをしようとしたが、2人の警官がジョーたちに気づき、追いかけはじめた。

　反対側の川岸を歩くジョーとアンの後を、諜報員の男がつけていた。男は2人の背後から不意をついた。ジョーは顔を殴られ、川に落ちた。アンはジョーを追って川に飛び込み、ぎりぎり捕まらずにすんだ。男は、ジョーたちを追って橋を渡ってきた警官2人に逮捕された。

　船上のダンスフロアでは、その場にいた諜報員全員が警察に捕まった。そのうち1人は、頭がギターを突き破ってはまったまま連行された。

覚えておきたい英語表現 3

> He excused himself from the policeman and ran after Ann.
> （p.88, 下から2行目）
> 彼は、警官に失礼すると言って、アンを追いかけた。

【解説】excuse oneselfは、「辞退する」という意味です。

【例文】 ① He excused himself from attendance.
　　　　　　彼は、出席を辞退した。

　　　　② I excused myself from the table.
　　　　　　私は失礼して、食事の席を中座した。

> Ann drove the scooter this way and that. （p.90, 8行目）
> アンは、スクーターを操縦して右往左往した。

【解説】this way and thatには、「うろうろと(する)」という意味のほかに、「あの手この手で」という意味もあります。

【例文】 ① Crowds of fairies were running this way and that.
　　　　　　妖精の群れが、あちこち走りまわっていた。

　　　　② I tried this way and that to comfort her.
　　　　　　ぼくは、あれこれと彼女を慰めてみた。

覚えておきたい英語表現 3

> An old woman was on her knees, praying in front of the wall. （p.94, 下から5行目）
> 年老いた婦人が壁の前にひざまづき、祈っていた。

【解説】on one's kneesには、「ひざまづいて、低姿勢」でという意味のほかに、「疲れ果てて、弱って」という意味もあります。

【例文】① I came to him on my knees for the money.
私は彼を訪ね、腰を低くしておカネをもらおうとした。

② When they took over, the newspaper was on its knees.
彼らが引き継いだ時点では、その新聞社は潰れかかっていた。

> He talked to them, trying to take up all their attention. （p.112, 13行目）
> 彼は連中の注意をひきつけようとして、話しかけた。

【解説】take upには、「拾い上げる」とか「（床板などを）はがす、吸い込む」という意味のほかに、本文のように「（心、注意などを）引きとめる」という意味もあります。受身にすると、「～に没頭する、熱中する」という意味になります。

【例文】 Mr. Yamamoto, even at the age of 55, is still taken up with building plastic models.
山本氏は、55歳であっても、いまだにプラモデル作りに熱中している。

コラム

イタリアを舞台にした映画

　1950年代、アメリカは戦後の経済的な繁栄を謳歌していました。
　ハリウッドにも人材が集まり、映画製作活動も活発でした。しかし、当時のアメリカは冷戦のため、官民一体となったレッドパージと呼ばれる共産主義思想排斥運動が盛んでした。
　そんなアメリカを嫌い、人件費がまだ安かったヨーロッパでの映画の製作がブームになったのも当時の傾向だったのです。ヨーロッパは戦後の復興の最中。アメリカからの投資は大歓迎。しかも、映画の製作は、観光産業にも良い影響を与えます。『ローマの休日』はそうした意味からもアメリカ、イタリア双方にとって有り難い映画だったのです。この映画が公開されたのは1953年。日本は朝鮮戦争による特需で敗戦によるダメージから立ち直り始めた頃で、この映画は翌年には日本にも上陸しました。
　イタリアでその当時ロケされた映画で注目したいのは、『ローマの休日』から2年後に、『アラビアのロレンス』や『ドクトルジバゴ』の監督として知られるデイビット・リーンによる恋物語『旅情』ではないでしょうか。
　それは、オードリー・ヘプバーンと共に、当時人気を博していたキャサリン・ヘプバーンが演じる、ジェーン・ハドソンがベネチアで恋をする物語です。『ローマの休日』と『旅情』の双方に共通しているのが、美しいイタリアの風景をふんだんに活用し、恋物語に素晴らしい彩りを添えていることです。そして、この2つの映画は共に、男と女の出会いから別れをごく短い時間の中に凝縮していることです。
　そうした短くかつ清純な恋物語がこれだけ人気を博したのも、過去に余り例のないことでした。
　戦争という暗いトンネルを抜け出したヨーロッパが、輝きを取り戻しつつある時代の2つの映画。それらは、豊かなアメリカ人が自らのルーツである「故郷」へのノスタルジーと愛情を込めて造り上げた名作だったのです。

Part IV
Chapter 7 – Chapter 8

CHAPTER 7
Two Hearts 118
ふたつの心

CHAPTER 8
The Last Meeting 130
最後の会見

Chapter 7
Two Hearts

Joe and Ann swam to a large rock and got out of the river. They sat down, wet and cold. Joe rubbed Ann's arms to try to keep her warm.

"Are you ok?" Joe asked.

"I'm fine, how are you?"

"Oh, just great!" said Joe. They both laughed.

"You know, you were great back there," he said.

"You weren't so bad either," said Ann. She looked up into his eyes.

Joe leaned forward and kissed her. Then they looked into each other's eyes.

"Well, um . . . I guess we better get going," said Joe.

They stood up and hurried back to Joe's apartment.

■rub 動 〜をこする　■look up into one's eyes（人）の目をのぞき込む　■lean forward 身を乗り出す　■look into each other's eyes お互いの目を見つめ合う　■get going 出発する

第7章
ふたつの心

　ジョーとアンは大きな岩まで泳いでいって川から上がり、腰をおろした。2人ともずぶぬれで冷えきっていた。ジョーはアンの腕をこすって暖めようとした。
「大丈夫？」ジョーは尋ねた。
「平気よ、あなたは？」
「いやあ、いい気分だ！」2人は笑った。
「ねえ、あの活躍はすごかったよ」彼は言った。
「あなただってなかなかだったわ」アンはジョーの目をのぞきこんだ。
　ジョーはアンに体を寄せてキスをした。そして2人はじっと見つめあった。
「そうだな、ええと……もう帰った方がよさそうだ」ジョーが言った。
　2人は立ちあがり、ジョーのアパートに急いで戻った。

Back at the apartment, Joe played the radio softly and poured two glasses of wine. In the bathroom Ann changed out of her wet clothes and into some of Joe's clothes. She fixed her hair. When she was done, she opened the door and joined Joe.

"Are your clothes all ruined?" asked Joe.

"No, they will be dry soon," said Ann, smiling.

"You look good," said Joe. "You should always wear my clothes."

"It seems that I always do," said Ann with a smile.

"I thought a little wine would be good," said Joe, handing her a glass.

"Shall I cook something?" asked Ann. She drank her wine.

"You can't," said Joe. "I don't have a kitchen. I always eat out."

"Do you like that?"

"Well, life isn't always what one likes, is it?" said Joe.

"No, it isn't," said Ann sadly. She looked away and sat down.

"Are you tired?" asked Joe.

"A little."

"You have had quite a day."

"A wonderful day!" said Ann. She smiled as the radio announcer came on.

■pour 動 注ぐ ■change out of 〜を着替える ■fix one's hair 髪を整える ■ruined 形 台なしになった ■eat out 外食する ■look away 視線をそらす ■come on 出てくる

アパートに着くと、ジョーは低い音でラジオを流し、2人分のグラスにワインをそそいだ。アンはバスルームでぬれた服を脱いでジョーの服に着がえて、髪を整えた。支度が終わると、ドアを開けてジョーのそばに行った。
「服は全部だめになってしまったかな」ジョーが聞いた。
「いえ、すぐに乾くわ」アンが笑顔で答えた。
「よく似合ってる」ジョーが言った。「いつもぼくの服を着るべきだな」
「似合うようにしているのよ」アンはにっこりした。
「ワインを少しいかが」ジョーがワインを手渡した。
「お食事でも作りましょうか」と言って、アンはワインを飲んだ。
「できないよ」ジョーが言った。「うちにはキッチンがなくてね。いつも外で食べる」
「それでいいの？」
「人生はいつも思いどおりには行かないものさ」ジョーが言った。
「そうね」アンは悲しげに言い、視線をそらして座った。
「疲れた？」ジョーが聞いた。
「少し」
「今日はいろいろあったからね」
「すばらしい一日だったわ！」アンがほほえみ、ラジオからはアナウンサーの声が聞こえてきた。

"This is the American Hour, from Rome," said the voice on the radio. "Now for news. Tonight there is no word from Princess Ann, who fell ill yesterday. She was on the last part of her European tour. This has made some think that her condition must be serious. Many in our country are worried for her health."

Ann stood up and turned off the radio.

"The news can wait until tomorrow," she said.

"Yes," said Joe.

"May I have a little more wine? I'm sorry I couldn't cook us some dinner."

"Did you learn how to cook in school?" asked Joe, pouring her more wine.

"Yes. I'm a very good cook. I can sew too, and clean a house, and iron. I learned to do all those things — "

Ann stopped suddenly, then continued.

" — But I haven't had the chance to do it for anyone," she finished. She turned away sadly.

"Well, then it looks like I will have to move out and get myself a place with a kitchen," said Joe.

■now for さて次は〜です。 ■condition 図 健康状態 ■turn off (スイッチを) 切る
■can wait 今でなくてもいい ■sew 動 縫い物をする ■iron 動 アイロンをかける
■move out 引っ越す

「〈アメリカン・アワー〉です。ローマからお送りしています」アナウンサーの声が流れた。「ニュースをお伝えします。昨日体調を崩されたアン王女の容体について、今夜も情報は入っておりません。王女はヨーロッパ各国への訪問をまもなく終える予定でした。一部では重体との憶測も出ています。国民の間からも王女の病状を懸念する声があいついでいます」

アンは立ちあがってラジオを切った。

「ニュースは明日までいいわ」

「そうだね」

「もう少しワインをいただけるかしら？ 夕食をごちそうできなくて残念だわ」

「学校で料理を習ったの？」ジョーはアンにおかわりのワインをつぎながら聞いた。

「ええ。とてもうまいのよ。お裁縫もできるし、お掃除もできるし、アイロンがけだって。そういうものを全部習ったのは——」

アンは突然口をつぐみ、また続けた。

「——でも習ったことを誰かにしてあげる機会がなくて」アンは言い終えると、悲しそうに横を向いた。

「そうか、じゃあ引っ越してキッチンのある部屋に住もうかな」ジョーが言った。

"Yes," Ann said with a sad smile. The two looked at each other without saying another word for a few moments. Ann looked away and drank the rest of her wine quickly.

"I . . . I will have to go now," she said. There were tears in her eyes. Joe watched her as she stood still for a moment. Then she ran into his arms and started to cry on his shoulder.

"Anya, there is something I want to tell you," said Joe, holding her.

"No," said Ann. She kissed him. "Please, say nothing."

They held each other for a few more moments. Then Ann looked down and let go.

"I must get dressed," she said. Heartbroken, Joe watched her walk into the bathroom and shut the door.

Soon, they were driving through Rome without saying anything to each other.

"Stop at the next corner, please," said Ann, as they neared the embassy.

Joe slowed and stopped the car. He could see the embassy gate up ahead.

■run into one's arms (人) の腕の中に飛び込む　■cry on one's shoulder (人) の肩に顔をうずめて泣く　■heartbroken 形 悲しみに打ちひしがれた　■near 動 近づく
■up ahead これより先

「ええ」アンは悲しげにほほえんだ。2人はそれ以上何も言わずに見つめあった。アンは視線をそらし、ワインの残りを一気に飲みほした。

「わたし……もう行かなくては」アンが言った。目には涙がにじんでいた。アンが身じろぎもせずに立っているのをジョーはじっと見ていた。すると彼女はジョーの腕に飛びこみ、肩に顔をうずめて泣き出した。
「アーニャ、話がある」ジョーがアンを抱いたまま言った。

「だめ」アンが言って、キスをした。「お願い、何も言わないで」
2人はもうしばらく抱きあっていた。そしてアンは目をふせ、体を離した。
「着がえないと」アンが言った。ジョーはやるせない気持ちで、バスルームに入ってドアを閉めるアンを見ていた。
それからほどなくして、2人は無言のまま車に乗ってローマの街を走っていた。
「次の角で停めてください」アンが言う。大使館はすぐそこだった。

ジョーは速度をゆるめて車を停めた。先の方に大使館の門が見えた。

"I have to leave you now," said Ann without looking at him. "I'm going to that corner and turning. You must stay in the car and drive away. Promise not to watch me go beyond the corner. Just drive away and leave me, as I leave you."

"Yes," said Joe.

"I don't know how to say goodbye," said Ann. "I can't think of any words."

"Don't try," said Joe.

Again, Ann threw herself into his arms. She began to cry. Joe held her tightly and they kissed again. They held each other for a while, until Ann turned her head to look up the street. She looked at Joe again. They smiled weakly at each other. Then Ann turned away, opened the car door, and got out.

Without looking back, Ann walked quickly down the street. Her walk turned into a run. Joe watched after her until she turned around the corner. For a moment, Joe wanted to get out of the car and run after her. But instead, he turned on the car engine and drove away.

In the embassy, Princess Ann stood in a large room. She faced the ambassador, the general, and the countess. They were all dressed in their bed clothes. The countess was crying and wiping her nose.

■promise not to 〜しないと約束する　■go beyond 〜の一線を越える　■think of 思い付く　■look back 振り返って見る　■turn into 〜に変わる　■wipe 動 拭く

「ここにいてください」前を向いたままアンが言った。「私はあの角で曲がります。あなたは車から出ないでそのまま戻ってください。私が角を曲がってどこに行くかは見ないと約束して。あなたを一人にしていくから、私のことも一人にして、帰ってください」
「わかった」ジョーが言った。
「なんてお別れすればいいのか」アンが言った。「言葉が出てこない」

「いいんだよ」ジョーが言った。
 ふたたび、アンはジョーの胸に飛びこんだ。アンは泣き出した。ジョーはアンをきつく抱きしめ、2人はまたキスをかわした。そのまましばらく抱きあい、アンが振り返って通りに目をやるまで動かなかった。アンはもう一度ジョーを見つめた。2人はかすかにほほえみ合った。そしてアンは背を向け、車のドアを開けて、外に出た。
 振り向きもせず、アンは足早に通りを歩いていった。急ぎ足が小走りになった。ジョーはアンが角を曲がるまでじっと見ていた。一瞬、車から出て後を追いたくなった。しかしそうするかわりに、車のエンジンをかけて走り去った。

 大使館では、アン王女が大きな部屋の中で立っていた。大使と将軍と伯爵夫人と向かいあっている。みんな寝間着姿だった。伯爵夫人は泣きながら鼻を拭いている。

"Your Royal Highness," said the ambassador, "you have spent twenty-four hours away. What happened during that time?"

"I was not feeling well," said Ann. "I am better now."

"Ma'am, you must appreciate that I have my duty, just as Your Highness has your duty," said the ambassador.

"Sir, you won't find it necessary to use that word with me again. If I did not completely understand my duty to my family and my country, I would not have come back tonight. Or, indeed, ever again," said Ann. "Now, I understand we have a very full day tomorrow. You must all get your rest. You may leave."

They stood still for a moment, then bowed and left. At the door, the countess picked up a tray. She brought it to the princess.

"No milk tonight," said Princess Ann. "Thank you, countess."

The countess bowed to the princess and left. She closed the door behind her.

Finally alone, Ann walked to the window. She sat down and looked at the city below for a long time.

■ma'am 图 王女様《呼びかけ》 ■appreciate 動 ～を正しく理解する ■indeed 副 本当に ■get rest 休む ■bow 動 おじぎする

「殿下」大使が言った。「24時間も姿を消されておいででした。その間にいったい何があったのですか？」

「具合が悪かったのです」アンが答えた。「もうよくなりました」

「王女様、私にも大使としての義務があることをご理解くださらないと。殿下にご自分の義務がおありのように」大使が言った。

「大使殿、義務のことをお話しいただく必要はありません。王族と国に対する義務をきちんとわかっていなければ、今夜戻って来てはいないでしょう。いえ、ずっと戻らなかったはずです」アンは言った。「明日はとても忙しい一日になりますから、皆さんもうお休みになってください。下がってよろしい」

全員しばらくその場に立ちつくしていたが、やがてお辞儀をして出ていった。入口で伯爵夫人がお盆を手に取り、王女のところに持っていった。

「今夜はミルクはいりません」アンは言った。「ありがとう」

伯爵夫人は王女に一礼し、部屋から出ると扉を閉めた。

やっと一人になって、アンは窓辺に向かった。腰をおろし、長いこと街の景色を見つめていた。

Chapter 8
The Last Meeting

The next day, Joe sat in his window, looking out over the city. There was a knock at his door. Joe looked up with hope. He rushed to the door and opened it. But it was Mr. Hennessy. Joe turned away in disappointment.

"Well? Did you get it?" asked Mr. Hennessy wildly, walking into the room.

"Get what?" asked Joe.

"The Princess story — the special interview! Did you really get it?"

"No, no, I didn't get it," said Joe, turning away.

"What? But that's impossible!" yelled Mr. Hennessy. "You're just keeping it from me!"

"What would I be keeping from you?" asked Joe.

■look out over 〜をはるかに見渡す　■disappointment 名 失望、落胆　■wildly 副 熱狂的に　■keep 〜 from … 〜を…から隠す

第 8 章
最後の会見

　次の日、ジョーが窓のそばに腰かけて街の様子をながめていると、ドアをノックする音がした。ジョーは希望を抱いて顔をあげ、急いでドアを開けた。だがそこにいたのはヘネシー氏だった。ジョーはがっかりして背を向けた。
　「おい、あれは取れたのか」ヘネシー氏が部屋に足を踏み入れながら、熱のこもった口調で尋ねた。
　「何をですって？」ジョーは聞き返した。
　「王女の記事だ——特別インタビューだよ！　ちゃんと取れたか？」

　「いいえ、取れませんでした」ジョーは言って、そっぽを向いた。
　「なんだと？　そんなわけないだろう！」ヘネシー氏は大声をあげた。
「わざと隠しているんだな！」
　「何を隠しているっていうんですか」ジョーが聞いた。

"I've heard things, Joe. I know too much. First, you come into my office and ask me about a special interview. Next, you disappear. Then, a friend at the embassy tells me the princess isn't sick at all, but is having fun in the town!"

"What kind of newspaper man are you?" asked Joe. "You believe every little story that people tell you?"

"But that's not all," said Mr. Hennessy. "I heard about a fight down at a boat on the river. I heard eight Secret Service men were arrested. And suddenly, there's news that the princess is well again! Now, it all makes sense. You have that story. And don't think you can raise the price now, Joe. We had a deal! Now come on, where's that story?"

Mr. Hennessy pushed Joe aside and started looking through the papers on Joe's desk.

"I have no story," said Joe, pouring himself a glass of wine.

Just then, Irving burst through the door. He was carrying a large envelope.

"Joe! You've got to see these!" Irving said. He saw Mr. Hennessy.

"Oh you got here at the right time, Mr. Hennessy. Wait until you see these!" he said.

Joe threw his wine on Irving.

"What are you doing, Joe?" said Irving, shocked. "Look at my pants!"

■disappear 動 姿を消す　■have fun 楽しむ　■make sense 意味をなす　■raise 動 （価格を）引き上げる　■push aside 押しのける　■burst through 〜から突然現れる
■have got to 〜しなければならない

「こっちの耳には入ってるんだぞ。知りすぎるくらいな。まず、君が特別インタビューの話を持ちかけた。それから、姿を消した。そしたら大使館にいる友人が教えてくれたんだ、王女はちっとも病気なんかじゃなくて、街で遊んでるっていうじゃないか！」

「あなたって人は新聞屋としてどうなんですかね」ジョーは言った。「人の言うことをなんでも真に受けるなんて」

「だがそれだけじゃない」ヘネシー氏が言った。「遊覧船での乱闘の話も聞いた。諜報員が8人も逮捕されたそうだな。そのあと急に王女が元気になったっていう知らせだ！　それですべてつじつまが合う。話は取れたんだろう。ふっかけたりするんじゃないぞ、ジョー。もう約束はした。さあ、記事はどこにある？」

ヘネシー氏はジョーをおしのけて机の書類を調べはじめた。

「記事はありません」ジョーはそう言って、グラスにワインをついだ。
ちょうどそのとき、アーヴィングがドアから飛びこんできた。大きな封筒を抱えている。

「ジョー！　これを見ろよ！」アーヴィングはそう言ってから、ヘネシー氏がいるのに気づいた。

「おおヘネシーさん、ちょうどいいときにいらした。これを見るまで待ってくださいよ」彼は言った。

ジョーはアーヴィングにワインをぶちまけた。

「何するんだ、ジョー？」アーヴィングはびっくりして言った。「ズボンを見てみろ！」

第8章　最後の会見

"Yes, you better go in there and wash them off," said Joe, pointing to the bathroom.

As Irving walked toward the bathroom, he asked, "Did you tell Mr. Hennessy about Smithy?"

"Um," said Joe.

"Oh, Mr. Hennessy, wait until you hear about — " started Irving, but Joe tripped him. Irving fell to the floor.

"Joe!" yelled Irving.

"Ok, what kind of game are you two playing?" asked Mr. Hennessy. "Who's Smithy and what am I supposed to be looking at?"

Mr. Hennessy grabbed the envelope from Irving. Joe grabbed the envelope back.

"Oh, Smithy's just some person we met the other day. Not interesting at all. You wouldn't want to hear about him. And there is nothing in this envelope but a few pictures of some of Irving's models. Nothing to interest you," said Joe.

Irving, still on the floor, looked up in surprise at Joe.

"I don't care about all that," said Mr. Hennessy. "What I care about is this story you said you had when you came into my office yesterday."

"Yes, yesterday I thought I had a story. But I was wrong!" said Joe. "There is no story."

Irving got up and looked at Joe, confused.

■point to 〜を指し示す　■trip 動 〜をつまずかせる　■grab 動 つかむ　■the other day この間　■confused 形 困惑した

「そうだな、あっちで洗ってくるといい」ジョーはバスルームを指差した。

アーヴィングはバスルームに行きかけて聞いた。「スミティのことは話したか？」

「うーん」ジョーが答えた。

「あっ、ヘネシーさん、あの話を聞くまで待って——」アーヴィングが話そうとすると、ジョーが足を出した。アーヴィングは床に倒れこんだ。

「ジョー！」アーヴィングがわめいた。

「おい、何をじゃれあってる？」ヘネシー氏が聞いた。

「スミティっていうのは誰で私は何を見たらいいのかね？」

ヘネシー氏はアーヴィングの封筒をつかんだ。ジョーが封筒をひったくった。

「いや、スミティってのはちょっとこの間会っただけの人間で、おもしろいことは何もありません。わざわざ聞くほどのものじゃないですよ。それとこの封筒にはアーヴィングのモデルの写真しか入ってません。つまらない写真です」ジョーが言った。

アーヴィングはまだ転がったまま、驚いてジョーを見あげた。

「そんなのはどうでもいい」ヘネシー氏が言った。「私が気にしているのはきのう君が会社で話した記事のことだ」

「ええ、きのうは記事があると思ったんです。でも間違いでした！」ジョーが言った。「記事はありません」

アーヴィングは立ちあがり、とまどった顔でジョーを見た。

第8章　最後の会見

"Fine," said Mr. Hennessy. He picked up his hat and got ready to go. "The princess is holding a press meeting today. Just go to that, will you? And you owe me five hundred dollars. A deal is a deal."

"Just take it out of my salary. Fifty dollars a week," said Joe.

Mr. Hennessy agreed and left. But now Irving wanted some answers.

"What is going on?" asked Irving. "Did we get a better deal from another newspaper?"

"Irving, I don't know how to tell you this, but . . . " Joe stopped for a moment to think. "But I don't want to write the story."

"You don't?"

"No. I can't do that to her," said Joe. "I don't want to do that to her." He looked down, heartbroken, and Irving suddenly understood.

"Oh, I see," said Irving, looking down also. "Well, do you at least want to see the pictures?"

Irving took the pictures out of the envelope. He spread them out on the bed. He grew excited as he showed them to Joe.

"Look at this one," said Irving, smiling.

Joe picked up a picture of Ann smoking her first cigarette. He laughed.

"That was at Rocca's," Joe said, remembering the moment.

■get ready to 〜する身支度をする　■at least 少なくとも　■spread out 広げる
■grow excited だんだん興奮する

「よろしい」ヘネシー氏は帽子を取って帰り支度をした。「王女は今日記者会見を開く。とにかく行って来い、わかったな。それと君には500ドルの貸しがある。約束は約束だ」

「給料から引いてください。週50ドルずつ」ジョーが言った。

ヘネシー氏が承知して出ていった。しかし今度はアーヴィングが尋ねる番だった。

「どうなってるんだ？ 他の新聞社にもっといい値で売れるのか？」

「アーヴィング、なんて言ったらいいか、でも……」ジョーは一瞬口をつぐんで考えた。「でもこの記事は書きたくないんだ」

「書きたくない？」

「そうだ。あの人のことを記事にはできない」ジョーは言った。「あの人にそんなことはしたくないんだよ」ジョーがやるせない顔でうつむくと、アーヴィングもはたと悟った。

「ああ、そういうことか」アーヴィングもそう言って下を向いた。「とにかく、写真だけでも見てみないか」

アーヴィングは封筒から写真を取り出して、ベッドの上に広げた。ジョーに見せるうちだんだん熱が入りはじめた。

「これを見てごらんよ」アーヴィングが笑顔で言った。

ジョーはアンが生まれて初めてタバコをふかしている写真を取りあげた。ジョーは声を出して笑った。

「『ロッカズ』で撮ったやつだ」ジョーはそのときのことを思い出しながら言った。

"Or how about this one?" Joe said as he picked up another picture. "The Mouth of Truth."

"Or this one?" Irving picked up another. They both looked at it and laughed. It was of Ann dancing with Mario, the barber.

"I was thinking the title for this should be 'The Barber Cuts In,'" said Irving.

"Hey, that's good!" said Joe, laughing.

Irving handed Joe another one. It showed Ann hitting a Secret Service man over the head with a guitar.

"Wow!" said Joe. "What a picture!"

"How about this for a title: 'Body Guard Gets Body Blow'?"

Irving and Joe laughed long and hard together. But the laughter slowly went away. They were both quiet for a few moments. Irving looked at Joe and saw there was deep sadness in his eyes.

"Are you still going to the press meeting today?" asked Irving.

"Yes, I'll go," said Joe. "It's my job."

"I'll see you there," said Irving. He picked up his pictures and put them back in the envelope. He looked down at his wet pants again. He shook his head and walked out the door.

■cut in 切り込む、割り込む ■hit someone over the head with 〜で (人) の頭をたたく ■go away 消えうせる ■shake one's head 首を横に振る

「こっちはどうだい？」ジョーが別の写真を取りあげた。「『真実の口』だ」
　「これは？」アーヴィングがまた違う一枚を手にした。写真を見て2人とも笑った。それはアンが理髪師のマリオと踊っているところだった。
　「タイトルをつけるなら『理髪師、切り込む』だな」アーヴィングが言った。
　「おい、うまいな！」ジョーが笑う。
　アーヴィングがもう1枚ジョーに渡した。アンが諜報員をギターで殴っている写真だ。
　「うわあ」ジョーが言った。「名場面だ！」
　「名づけて、『ボディーガード、ボディーブローをくらう』とか」
　アーヴィングとジョーは長いこと笑いころげた。しかし、次第にその声は静まっていき、2人ともしばらく口をきかずにいた。アーヴィングはジョーの目に深い悲しみが沈んでいるのに気がついた。
　「今日の会見には行くのか？」アーヴィングが聞いた。
　「ああ、行くとも」ジョーが言った。「仕事だからな」
　「それじゃあっちで会おう」アーヴィングが言った。写真を拾いあげて封筒におさめ、ぬれたズボンにまた目をやり、やれやれと頭を振って外へ出ていった。

At the embassy, many reporters and photographers gathered in a large hall. Joe and Irving walked in and looked all around them. It was a beautiful room. At the front of the room was a rope that would separate the reporters from the princess. Beyond the rope was a stage and a few steps leading to a large, open door.

A royal official came into the room. He stood by the rope and began to speak loudly.

"Ladies and gentlemen," he said. "I am honored to introduce to you Her Royal Highness, Princess Ann."

All the reporters moved closer to the rope and watched as Princess Ann entered the room. The ambassador, the general, the countess, and many others followed her. Joe and Irving stood at the front of the crowd and watched.

"Your Royal Highness," said the ambassador, "these are the people of the press."

Princess Ann stood on the stage and smiled at the crowd in greeting. As her eyes moved over the crowd, she saw Joe. A look of shock came over her and her smile went away. She looked away quickly and the ambassador gestured for her to sit and start the meeting.

"Ladies and gentlemen," said the royal official, "the princess will now answer your questions."

The chief of reporters was the first to speak.

■lead to（道などが）〜に通じる　■royal official 王室関係者　■stand by そばに立つ
■be honored to 〜を光栄に思う　■move over 移動する　■come over（表情が顔に）現れる

大使館に着くと、記者やカメラマンがたくさん大広間に集まっていた。ジョーとアーヴィングは部屋に入って中をぐるりと見回した。美しい部屋だった。前方には報道陣と王女をへだてるロープが張られている。ロープの向こうには舞台と、そこから開けはなしの大きな扉へ続く低い階段があった。
　王室の担当官が部屋に入ってきて、ロープのそばに立つと大きな声で話しはじめた。
「皆さま」彼は言った。「アン王女殿下のご入場です」

　記者は全員ロープの近くに寄って王女が入ってくるのを見守った。大使、将軍、伯爵夫人、その他大勢が王女の後ろに従った。ジョーとアーヴィングも一番前の列で見ていた。

「殿下」大使が言った。「報道関係者の皆さんです」

　アン王女は舞台に立って笑顔であいさつをした。集まった人々を見渡すうち、王女の目がジョーをとらえた。驚いた王女の顔から笑みが消えた。すぐさま目をそらすと、ちょうど席について会見をはじめるようにと大使が手振りで示した。
「皆さま」担当官が言った。「これから王女が質問にお答えします」

　記者代表が最初に口を開いた。

"I would like to let you know, Your Highness, that we are all very pleased that you are no longer feeling ill," he said.

"Thank you," said Ann.

Another reporter spoke.

"Does Your Highness believe that the future of Europe will be helped by nations working together?" the reporter asked.

"I believe that nations working together will surely be helpful for the future of Europe," said Ann.

"What does Your Highness think of the Friendship Among Nations?" asked another reporter.

"I think highly of it," said Ann, "just as I think highly of the friendship among people." As she said this, she turned to look at Joe.

"I believe Your Highness will never have a reason to doubt friendship among people," said Joe, looking into her eyes.

"I am so glad to hear you say it," said Ann. The ambassador, the general, and the other officials standing around Ann looked at each other with worry. This was not in the planned answers the princess was supposed to give.

"Which of the cities visited did Your Royal Highness enjoy the most?" asked another reporter.

Ann looked at Joe.

"Each city in its own way . . ." said the general quietly, trying to remind Ann of what she was supposed to say.

■surely 副 疑いなく　■think highly of 〜を尊重する　■be supposed to 〜すること になっている　■remind 〜 of … 〜に…のことを思い出させる

「殿下のご回復、われわれ一同心よりお喜び申し上げます」

「ありがとうございます」アンが言った。
　別の記者が質問をした。
「殿下はヨーロッパの将来が国家間での協力によってよい方向に進むとお考えでいらっしゃいますか」記者が聞いた。
「国家間の協力はまちがいなくヨーロッパの将来に有益だと思っています」アンが言った。
「国家間の友好関係について殿下のご意見をお聞かせいただけますか」別の記者が聞いた。
「尊重しています」アンが言った。「人と人との友好関係を尊重するのと同じです」そう言って、ジョーの方に向き直った。
「殿下が人々の友好関係を疑うことには決してならないと信じております」ジョーが王女の目をまっすぐ見つめて言った。
「そう聞いて大変うれしく思います」アンが答えた。大使も、将軍も、他の関係者も、アンのまわりに立っていた人たちは全員心配そうに顔を見あわせた。これは事前に用意された王女の回答にはなかった。

「殿下がご訪問なさった都市で一番楽しかった場所はどちらでしょうか？」別の記者が尋ねた。
　アンはジョーを見た。
「どの都市もそれぞれ……」将軍が小声で、アンが言うべきことを思い出させようとささやいた。

"Each city in its own way was special," said Ann. "It would be difficult to choose — "

But then she suddenly stopped. She looked at Joe again and smiled.

"Rome," said Ann, smiling wide. "By all means, Rome. I will never forget my time here, for as long as I live."

"Even though you were ill, Your Highness?" asked another reporter.

"Even so," said Ann.

A royal official stepped forward to speak.

"Photographs may now be taken," he said.

Ann stood up, and the photographers all came toward her. Irving stepped forward and smiled at Ann as he took out his cigarette-lighter camera. He bent forward, looked into it, and pushed the button. Ann looked at Irving with shock. She realized he had been using it as a camera the whole time. Irving smiled at her. Ann looked at Joe, and he smiled back at her. Irving walked back to join Joe.

"Thank you, ladies and gentlemen," said the ambassador. Ann turned to him.

■by all means なんといっても　■even though ～にもかかわらず　■even so たとえそうであっても

「どの都市もそれぞれすばらしく」アンが言った。「選ぶのはむずかしい——」
　だがそこで急に言葉を切り、もう一度ジョーを見てほほえんだ。

「ローマです」アンは言い、いっそう大きな笑みを浮かべた。「なんといっても、ローマです。ここで過ごした時間は、生きている限り忘れはしません」
「おかげんが悪かったのにでしょうか、殿下？」他の記者が聞いた。
「それでもです」アンは言った。
　担当官が進み出て口を開いた。
「それでは、写真撮影の時間になります」
　アンは立ちあがり、カメラマンたちは全員王女の近くに寄った。アーヴィングは一歩踏み出してアンに笑いかけ、ライター型のカメラを取り出した。前かがみになって、カメラをのぞきこみ、ボタンを押す。アンはぎょっとしてアーヴィングを見た。ずっとそのカメラを使っていたことに気づいたのだ。アーヴィングはにっこりした。アンがジョーの方を見ると、ジョーも笑い返した。アーヴィングはジョーのそばに戻っていった。
「皆さん、ご出席ありがとうございました」大使が言った。アンが大使の方を向いた。

"I would now like to meet some of the ladies and gentlemen of the press," she said. The ambassador was surprised. This was not in the plan either. But Ann walked down the steps, with the countess and general joining her. They removed the rope and Ann came toward the line of reporters and photographers.

"My name is Hitchcock, from the Chicago Daily News," said the first reporter.

"I'm so happy to see you, Mr. Hitchcock," said Ann, smiling and shaking his hand.

"Deutsche Presse Agend," said the next reporter, from Germany.

"Pleased to meet you," said Ann, shaking his hand.

Ann made her way down the line of reporters, greeting them all. She finally came to Irving.

"Irving Radovich, from C.R. Photo Service," said Irving.

"How do you do?" asked Ann, shaking his hand. Irving reached into his pocket and handed her an envelope.

"May I present Your Highness with some photos of your visit to Rome?" said Irving.

Ann took the envelope. She opened it and took out one of the pictures. It was the one of her hitting a Secret Service man with a guitar. She held back her laughter.

"Thank you so very much," she told Irving. Then she looked at Joe and walked toward him.

■remove 動 取り外す　■make one's way 前進する　■reach into 〜に手を突っ込む
■hand 動 〜を手渡す　■hold back one's laughter 笑いをこらえる

「これから報道関係者の方々にごあいさつしたいと思います」彼女は言った。大使は驚いた。これも予定には入っていない。しかしアンは階段を降りていき、伯爵夫人と将軍が後ろに付きそった。ロープがはずされ、アンは立ち並ぶ記者やカメラマンに近づいた。

「シカゴ・デイリーニュースのヒッチコックと申します」最初の記者が言った。
「お目にかかれてうれしく思います、ヒッチコックさん」アンが言い、笑顔で握手をかわした。
「ドイツ・プレス・エージェントです」次はドイツから来た記者だった。
「お会いできて光栄です」アンが握手して言った。
アンはずらりと並んだ記者たち全員とあいさつをしながら進んでいった。ついにアーヴィングの順番が来た。
「CRフォト・サービスのアーヴィング・ラドヴィッチです」アーヴィングが名のった。
「はじめまして」アンが言い、手を握った。アーヴィングはポケットから封筒を出して手渡した。
「殿下にローマご訪問記念の写真をお贈りしたく存じます」アーヴィングが言った。
アンは封筒を受けとった。開けて一枚の写真を取り出した。アンがギターで警護員を殴っている写真だった。彼女は笑いをこらえた。
「どうもありがとうございます」アンは言った。それからジョーを見て、近づいていった。

"Joe Bradley, from American News Service," said Joe. Ann shook his hand, trying to hold back her feelings.

"So happy, Mr. Bradley," she said. They smiled at each other, and she moved on.

"Stephen Hausen, from the London Telegraph," said the next reporter.

"Good afternoon," said Ann.

When Ann reached the last of the reporters in the front row, she turned and walked back up the steps. The press applauded when she reached the top. Slowly, she turned to face them with a smile. Her eyes moved over the crowd and came to rest on Joe. He smiled back at her, and for a moment they just looked at each other. Then, Ann turned to go.

The princess walked slowly out of the room, followed by the ambassador, the general, the countess, and many other officers. The crowd of reporters also began to leave. Irving looked at Joe, but Joe just stood and looked at the empty stage. Irving looked down. Without saying a word, he also left. Soon, Joe was all alone, standing at the rope.

Joe put his hands in his pockets and turned around. Slowly, he walked away. At the door, he took one last look back, then walked out of the building.

■front row 最前列　■applaud 動 拍手する　■come to rest 止まる　■all alone ただ独りで

「アメリカン・ニュース・サービスのジョー・ブラッドリーです」ジョーが言った。アンは感情を出さないようにして手を握った。
　「とてもうれしいですわ」アンが言った。2人はほほえみをかわし、アンは次に進んだ。
　「ロンドン・テレグラフのスティーヴン・ハウゼンです」隣の記者が言った。
　「ごきげんよう」アンが言った。
　アンは最前列の終わりにいる記者のところまであいさつを終え、向きを変えて舞台に上がった。壇上に戻ると一同は拍手を送った。おもむろに、アンは笑顔で記者たちの方を振り返った。アンの視線が動いていき、ジョーのところで止まった。ジョーはほほえみ返し、2人はしばらくお互いだけを見ていた。やがて、アンは背を向けて歩き出した。

　王女はゆっくりと部屋から出ていき、後ろには大使、将軍、伯爵夫人、その他大勢の側近たちがつづいた。集まった報道陣も帰りはじめた。アーヴィングはジョーを見たが、ジョーはただ立ちつくして空っぽの舞台を見ていた。アーヴィングは目を落とした。声をかけぬまま、アーヴィングも出ていった。あっという間に、ジョーは一人ぼっちになって、ロープのそばに立っていた。
　ジョーはポケットに両手をつっこんで舞台に背を向けた。ゆっくりした足取りで、その場を離れていった。出口まで来ると、最後にもう一度振り返り、そして建物を後にした。

覚えておきたい英語表現 4

> "Are your clothes all ruined?" asked Joe. (p.120, 5行目)
> 服は全部、台なしかい？

【解説】ruinは、もともと「崩れ落ちる」という意味の動詞ですが、名詞のruins「廃墟、遺跡」を見ることが多いかも知れません。

【例文】 The scandal ruined his chances of promotion.
　　　　彼はスキャンダルのために出世の機会を失った。

> She looked away and sat down. (p.120, 下から6行目)
> 彼女は目をそらし、座った。
>
> She turned away sadly. (p.122, 下から3行目)
> 彼女は、悲しげに顔をそむけた。

【解説】awayは、スポーツのアウェー戦（遠征試合＝away match）という表現でおなじみですが、「離れて」とか「遠くへ」という意味の副詞です。したがって、look awayは「目をそらす」という意味ですし、turn awayは「顔をそむける」という意味になります。

【例文】① It was a horror movie and I had to look away much of the time!
　　　　ホラー映画だったので、ほとんど目をそらしていなければならなかった。

　　　② She turned away from the ugly reality of her life.
　　　　彼女は、自分の生活の醜い現実を直視しなかった。

> She held back her laughter. (p.146, 下から3行目)
> 彼女は、笑いをこらえた。
>
> Ann shook his hand, trying to hold back her feelings. (p.148, 1行目)
> アンは務めて感情を抑えて、彼と握手した。

【解説】hold back は、「引っ込める、隠す、ためらう」という意味です。

【例文】① She had had such a bad day, she couldn't hold back the tears any longer.
本当にひどい一日だったので、彼女はもう涙をこらえきれなかった。

② The visitor tried to get the child to come to her, but he held back.
客が男の子を招き寄せようとしたが、その子は来ようとはしなかった。

> Her eyes moved over the crowd and came to rest on Joe.
> (p.148, 11行目)
> 彼女の視線は観衆(報道陣)に注がれ、ジョーのところで止まった。

【解説】come to rest on は、「~のところで止まる」という意味です。rest は「静止する、休む」という意味の動詞ですね。

【例文】The car came to rest on a median.
車は、中央分離帯のところで止まった。

[IBC 対訳ライブラリー]
英語で読むローマの休日

2012年9月3日　第1刷発行

著　者　　イアン・マクレラン・ハンター

発行者　　浦　　晋　亮

発行所　　IBCパブリッシング株式会社
　　　　　〒162-0804 東京都新宿区中里町29番3号 菱秀神楽坂ビル9F
　　　　　Tel. 03-3513-4511　Fax. 03-3513-4512
　　　　　www.ibcpub.co.jp

印刷所　　株式会社シナノ

© IBC Publishing, Inc. 2012

Printed in Japan

落丁本・乱丁本は、小社宛にお送りください。送料小社負担にてお取り替えいたします。
本書の無断複写（コピー）は著作権法上での例外を除き禁じられています。

ISBN978-4-7946-0167-4